W0095259

Der Autor
Joseph Emet wurde von dem weltbekannten Zen-Meister Thich Nhat Hanh zum Dharma-Lehrer ausgebildet. Er ist Gründer und Leiter des *Mindfulness-Meditation-Center* in Montreal, wo er Achtsamkeitstraining und Kurse für Stress-Management, persönliche Entwicklung und besseren Schlaf anbietet.

www.mindfulnessmeditationcentre.org

JOSEPH EMET

BUDDHAS KLEINES BUCH VOM SCHLAF

Zur Ruhe kommen,
in den Schlaf finden,
erholt aufwachen

Aus dem Amerikanischen übersetzt
von Jochen Lehner

WILHELM HEYNE VERLAG
MÜNCHEN

Die Originalausgabe erschien 2012 unter dem Titel
»Buddha's Book of Sleep. Sleep Better in Seven Weeks
with Mindfulness Meditation«.

Verlagsgruppe Random House FSC®-N001967.

2. Auflage
Taschenbucherstausgabe 11/2015

Copyright © 2012 by Joseph Emet
All rights reserved including the right of reproduction
in whole or in part in any form.
This edition published by arrangement with Jeremy P. Tarcher,
a member of Penguin Group (USA) Inc.
Copyright © 2013 der deutschsprachigen Ausgabe
by Lotos Verlag, München, in der Verlagsgruppe
Random House GmbH,
Neumarkter Str. 28, 81673 München
Copyright © 2015 dieser Ausgabe by Wilhelm Heyne Verlag,
München, in der Verlagsgruppe Random House GmbH
Alle Rechte sind vorbehalten. Printed in Germany
Umschlaggestaltung: Guter Punkt, München
Umschlagmotiv: © jjspring/shutterstock
Satz: EDV-Fotosatz Huber /
Verlagsservice G. Pfeifer, Germering
Druck und Bindung: GGP Media GmbH, Pößneck
ISBN 978-3-453-70289-9

www.heyne.de

*Thich Nhat Hanh in Dankbarkeit
gewidmet. Im Gedächtnis bleibt mir:
»Glück ist nicht aus Ziegeln und Mörtel.
Singen wir doch mit den Blumen
und Morgenvögeln.«*

Sandburgen und die Fußspuren der Lieben-
den und der Todeskampf eines Seesterns –
alles gelöscht, wenn die Brandung den
Strand gewischt hat mit immer neuen
Wellen vom weiten Meer.

So lass den Atem die Worte von gestern
glätten, die Gedanken von heute Morgen,
samt der Beklemmung, die sie hinterlassen,
bis nur noch die Frische dieses
Augenblicks ist.

J. E.

Inhalt

ZWEITER TEIL
Sieben geführte Achtsamkeitsmeditationen

Zum Geleit

Der Buddha, stelle ich mir vor, hat friedlich geschlafen, ohne Ängste, ohne Sorgen. Er war, glaube ich, an Herz und Geist in Frieden, und dies nicht nur im Wachzustand, sondern auch, wenn er sich abends hinlegte. Friedlicher Schlaf setzt einen friedvollen Geist voraus, und den hatte der Buddha.

Ruhe zu finden ist eine Kunst. Wo es an Achtsamkeit mangelt, kann das Leben sehr anstrengend werden, denn dann unterliegen wir der Neigung, uns in der Zukunft aufzuhalten statt in der Gegenwart; wir gewöhnen uns an, ständig in Gedanken zu sein und uns mit unseren Vorhaben zu beschäftigen. Das stört die Schlafbereitschaft. Denn das richtige Verhältnis von Aktivität und Ruhe geht leicht verloren.

Die Achtsamkeitsmeditation hilft uns, Frieden in Herz und Geist einkehren zu lassen. Auch kann sie unsere Stressbelastung mindern. Sie hilft uns, das Tempo zu drosseln und uns an jedem Augenblick unseres Lebens zu erfreuen. Zudem lässt sie den aufgewühlten Geist zur Ruhe kommen. Bei der Lektüre dieses Buches sowie bei den geführten Meditationen stehen Ihnen gewiss einige Aha-Momente bevor, in denen Sie die Ursachen Ihrer Schlafstörungen erkennen und sich zu entspannen lernen. Und dadurch wird sich auch Ihr Schlaf verbessern.

Thich Nhat Hanh
Plum Village, Frankreich

Vorwort

Kennen Sie Gedanken wie die folgenden?

»Sobald ich im Bett liege, sollte ich eigentlich nicht mehr an die Arbeit denken, das ist mir schon klar. Aber ich tu's trotzdem und steigere mich sogar richtig hinein.«

»Ich weiß, ich sollte mich nicht so über die Kinder ärgern, aber irgendwie geht das einfach mit mir durch.«

»Nachschlag beim Essen müsste für mich eigentlich tabu sein. Aber ich kann beim besten Willen nicht widerstehen und nehme deshalb auch immer mehr zu.«

»Ich sollte endlich mit dem Rauchen aufhören, habe es aber bis heute nicht aufgegeben.«

»Ich weiß, ich darf mich von Kleinigkeiten nicht so mitnehmen lassen; wenn ich dann aber im Bett liege, grübele ich doch darüber nach und kann nicht einschlafen.«

Das Ich, das da in allen Fällen spricht, ist Ihr bewusstes Denken. Es kennt sich offenbar bestens aus, ist aber nicht in der Lage, sein Wissen ans Unbewusste weiterzugeben, damit es zur Gewohnheit werden kann und Ihnen in Fleisch und Blut übergeht. Es gibt aber etwas, was uns bei diesem Wissenstransfer vom bewussten in den unbewussten Anteil des Geistes helfen kann, nämlich die Achtsamkeitsmeditation.

Bedauern und Reue, Sorgen, Ärger, Gelüste – oft schleichen sie sich unbemerkt an. Doch wer da schon mit der Achtsamkeitsmeditation vertraut ist, sieht sie kommen. Und wenn sie dann vor der Tür stehen, zwingt ihn nichts, sie einzulassen.

Achtsamkeitsmeditation macht uns nicht zu perfekten Menschen, aber sie erleichtert es uns, mit unseren Unvollkommenheiten zu leben: Gelüste können auch dann noch aufkommen, doch sind Sie ihnen nicht mehr wehrlos ausgeliefert. Und wenn Sie abends ins Bett gehen, werden Sie vermutlich nach wie vor von Gedanken aller Art bedrängt, nur dass Sie nunmehr geistesgegenwärtig genug sind, sie kommen zu sehen. Und so frei, »Nein, danke« zu sagen.

Vielleicht klingt es zu schön, um wahr zu sein, aber die Achtsamkeitsmeditation hat wirklich schon sehr vielen Menschen geholfen, Stress abzubauen, ihre Beziehungen zu verbessern und mit persönlichen Problemen fertigzuwerden. Im vorliegenden Buch werden diese überaus erfolgreichen Techniken auf die Verbesserung Ihres Schlafs angewendet.

ERSTER TEIL

Achtsamkeits-
meditation und Schlaf

Einleitung

Ich sehe förmlich, wie Sie schmunzeln, wenn Sie den Titel dieses Buchs lesen. Und Sie denken vielleicht: »Ist der Buddha nicht eher für das Aufwachen zuständig als für den Schlaf?«

Sicher, aber wenn im Buddhismus vom Auf- oder Erwachen gesprochen wird, ist das metaphorisch gemeint und bedeutet Bewusstheit (im Gegensatz zu einem Mangel an bewusster Wahrnehmung). Man könnte zum Beispiel sagen, wir wollten nicht wahrnehmen, wie sehr wir der Umwelt mit unserer Lebensweise schaden, und müssten diesbezüglich unbedingt »aufwachen« (ich würde sogar behaupten, dass wir unsanft geweckt werden müssen). Wenn wir also im metaphorischen Sinne schlafen, sind wir nicht bewusst, nehmen nicht wirklich wahr.

Im buchstäblichen Sinne ist Schlaf etwas anderes, nämlich ein Grundbedürfnis wie das Essen und Trinken – und darum soll es in diesem Buch gehen. Schlafen und Aufwachen sind hier keine unvereinbaren Gegensätze; Schlaf-Enthaltsamkeit predigte der Buddha mit Sicherheit nicht. Im Gegenteil, ihm ging es um die Befreiung von Leiden, und Schlaflosigkeit ist auch eine Form des Leidens. Bei den Übungen im zweiten Teil dieses Buchs wird Ihnen manches in Ihrem Leben bewusst werden, und in diesem Sinne werden Sie wacher. Zugleich wird sich Ihr Schlaf verbessern.

An einem meiner ersten Achtsamkeitsmeditationskurse nahm eine Frau teil, die, wie sie sagte, gekommen war, weil sie so schlecht schlief. Ob ihr die Achtsamkeitspraxis vielleicht helfen könne, wollte sie wissen. Und wie ich bald herausfand, stand sie mit ihrem Problem keineswegs allein. 2005 ergab eine Umfrage, dass 75 Prozent der Menschen unter Schlafstörungen leiden.

Schwierigkeiten mit dem Ein- und Durchschlafen sind nicht isoliert zu betrachten, sondern haben immer mit Ängsten, Sorgen, Gewissensbissen, Depressionen, Ärger, Stress und dergleichen zu tun. Und die sind natürlich nicht plötzlich alle weg, wenn wir uns abends hinlegen, sondern wachsen sich oft zu Schlafstörungen aus.

Dabei muss es sich nicht einmal um große Probleme handeln. Schlafstörungen können auch von einer Unart ausgehen, die wir uns alle angewöhnt haben: Wir sind innerlich woanders oder mit etwas anderem beschäftigt. Einmal erzählte eine Teilnehmerin, als wir dieses Thema in der

Gruppe erörterten, von einer Heimfahrt nach der Arbeit. Sie war in die Einfahrt ihres Hauses eingebogen, stellte den Motor ab – und erst da wurde ihr bewusst, dass es sich um die Einfahrt des Hauses handelte, das sie ein halbes Jahr zuvor verkauft hatte.

Ein weiterer Teilnehmer, Lehrer von Beruf, berichtete, dass er einmal nach dem Mittagessen in der Cafeteria zur Toilette gegangen sei und erst vor dem Urinal bemerkt habe, dass er sein Tablett noch in den Händen hielt und es nicht wie sonst in das Ablagegestell geschoben hatte.

Das ist die eher heitere Seite der Unachtsamkeit, in der wir irgendetwas tun und dabei an ganz andere Dinge denken. Achtsamkeit hingegen hilft, Geist und Körper zusammenzuhalten. Wer in Gedanken ist, fährt auf der Autobahn womöglich an der richtigen Ausfahrt vorbei, aber das gehört noch zu den harmloseren Patzern. Wie viele Unfälle auf das Konto der Geistesabwesenheit gehen, weiß niemand genau.

Der denkende Verstand neigt dazu, den Körper seiner Automatik zu überlassen und sich mit seinen eigenen Interessen zu beschäftigen. Wenn er das auch abends im Bett macht, kommen Sie in Schwierigkeiten, denn der Körper kann nicht zwischen tatsächlichen Auseinandersetzungen und bloßen geistigen Spiegelfechtereien unterscheiden.

In beiden Fällen regt er sich auf, und die Aussicht auf ruhigen Schlaf geht gegen null.

Denken Sie an Ihr behagliches Bett. Möchten Sie einfach seine kuschelige Wärme genießen, oder sind Sie innerlich ganz woanders, vielleicht bei etwas, was tagsüber passiert ist oder morgen geschehen könnte?

Denken Sie an den Geist, der immer unterwegs ist und nie stillsteht. Wir werden ihn darauf trainieren, sich mit dem Atem zu verbinden und so zur Ruhe zu kommen, dass Schlaf möglich wird.

Denken Sie an die Beklommenheit, mit der Sie der Zukunft immer entgegensehen. Doch sobald wir gelernt haben, dem morgigen Tag mit einem Lächeln zu begegnen, kann uns auch der Schlaf zulächeln.

Und denken Sie an die ständigen Sorgen, die wir uns über alles Mögliche machen – Gesundheit, Beziehungen, Kinder, Arbeit … Wir können eine andere Haltung einnehmen und aufhören, ständig alles kontrollieren zu wollen. Dann haben die Dinge *uns* nicht mehr so im Griff, und wir können nachts besser schlafen. Tagsüber verhilft uns die Übung der Achtsamkeit zu Frieden, Zufriedenheit und Glück. Nachts werden daraus Entspannung und tieferer Schlaf.

Ich habe die Achtsamkeitsmeditation bei dem vietnamesischen Zen-Meister Thich Nhat Hanh in seinem Kloster Plum Village in Frankreich erlernt. Von ihm wurde ich auch zum Dharma-Lehrer ernannt. In den fünfzehn Jahren meiner bisherigen Lehrtätigkeit habe ich in Montreal Einzelne und Gruppen in die Achtsamkeitspraxis eingeführt, insgesamt mittlerweile einige Tausend Menschen. Das vorliegende Buch ist die Frucht dieser Zeit, eine Summe der vielen Fragen, die ich beantworten musste, der vielen anregenden Gespräche, die aufkamen, und nicht zuletzt des Umdenkens, zu dem ich immer wieder gezwungen war.

Wenn Sie schon Erfahrungen mit der Achtsamkeitsmeditation gesammelt haben, wird dieses Buch Ihnen zeigen, wie Sie das Erlernte in erholsamen Schlaf ummünzen können. Und sollten Sie noch gar nichts über Meditation wissen, wird der erste Teil Sie bei der Korrektur eventueller Fehleinstellungen unterstützen, die Ihren Schlaf behindern. Denn ob wir uns entspannen und den Schlaf zulassen können, hängt nicht zuletzt von unserem Weltbild ab. Auf einem Schlachtfeld schläft es sich schlecht. (Ich würde da auch keine Ruhe finden.) Dort ist Schlaflosigkeit nicht nur ganz natürlich, sondern geradezu überlebenswichtig.

Wie also sehen Sie die Welt?

Im zweiten Teil dieses Buchs stelle ich Ihnen sieben geführte Meditationen vor, mit denen Sie die

Veränderung Ihrer inneren Einstellung so festigen können, dass sie Ihnen zur Gewohnheit wird. Dieser Teil ist als vollständiger Kurs angelegt, bei dem Sie jede Übung jeweils eine Woche lang durchführen. Sie dürfen aber auch gern so vorgehen, dass Sie jeden Abend eine andere Übung machen und sich auf diese Art innerhalb einer Woche einen Überblick verschaffen. Danach können Sie sich selbst ein auf Ihre Bedürfnisse abgestimmtes Programm zusammenstellen. Sollte Ihnen beispielsweise eine der Übungen besonders zusagen, können Sie so lange dabei bleiben, bis Sie sich bereit fühlen, zu einer anderen überzugehen. Auf jeden Fall aber werden Sie etliche Wochen lang üben müssen, um mit alten Gewohnheiten zu brechen und neue aufzubauen.

Schlaf ist nichts, was wir erst lernen müssten. Wir müssen nur endlich *bewusst* wahrnehmen, wodurch wir uns vom Schlafen abhalten – und dann damit aufhören. Ebendieser bewussten Wahrnehmung dient die Achtsamkeitsmeditation, und genau das macht sie auch zu einem wirksamen Mittel gegen Schlafstörungen.

Wie schläft es sich mit einem schlechten Gewissen?

> Mir war, als rief es: »Schlaft nicht mehr!
> Macbeth Mordet den Schlaf!« Ihn, den
> unschuld'gen Schlaf [...] und drum wird [...]
> Macbeth nicht schlafen mehr.
>
> *William Shakespeare, Macbeth II, 1*
> *(Übersetzung Schlegel/Tieck)*

In Shakespeares Tragödie ermordet Macbeth, ein erfolgreicher General des schottischen Heers, den König Schottlands, Duncan, als der in seinem Schloss in Inverness weilt. Macbeths Komplizin ist seine Frau. Lady Macbeth überredet ihren Mann nicht nur zu der Tat, sondern sorgt auch mithilfe blutiger Dolche dafür, dass der Verdacht auf die Wachen gelenkt wird. Nun, der Mord raubt nicht nur Macbeth den Schlaf, sondern auch seiner Frau, bei der sich das schlechte Gewissen zu einer solchen Verwirrung steigert, dass sie sich schließlich das Leben nimmt.

Vor dem Freitod werden ihre Symptome hochakut. Sie schlafwandelt und ist ständig bemüht, sich imaginäres Blut von den Händen zu wischen – »Fort, verdammter Fleck! Fort, sag' ich!« Ein hinzugezogener Arzt, der sie beim Schlafwan-

deln sprechen hört, durchschaut den Zusammenhang und bekennt: »Diese Krankheit liegt außer
dem Gebiete meiner Kunst [...] und Taten unna-
türlich erzeugen unnatürliche Zerrüttung« (V, 1).

Wie schläft man mit gebrochenem Herzen?

»Try sleeping with a broken heart« lautet der
Titel eines wehmütigen Songs von Alicia Keys
(die das Magazin *Billboard* als *die* R'n'B-Sängerin
des Jahrzehnts bezeichnet hat). Hier der Anfang:

> Even if you were a million miles away,
> I could still feel you in my bed,
> near me, touch me, feel me.

Klar ist, dass diese Person noch nicht losgelassen
hat. Sie hängt ihrer Liebe nach, den guten Zeiten
und süßen Erinnerungen. Was diesen Song aus
der Masse heraushebt, ist die anrührende Schil-
derung des Schwankens zwischen dem Wunsch
loszulassen und dem Verlangen festzuhalten.

Jedenfalls vermittelt er den Eindruck, dass ein
gebrochenes Herz dem Schlaf nicht eben förderlich ist. Zu viele widerstreitende Empfindungen.

Wenn wir unseren Geist in stressreichen Zeiten nicht zügeln, gehen wir schnell in hausgemachten Dramen unter und machen uns unglücklich. Der Kopf ist manchmal unser ärgster Feind, und das gibt dieser Song sehr genau wieder.

In beiden Beispielen erkennen wir das eigene Innenleben als Urheber unserer Schlafstörungen. Die Ereignisse haben uns aufgewühlt, und wir müssen erst Ruhe finden, bevor sich der Schlaf einstellen kann. Sicher geraten nicht viele von uns in Situationen von shakespeareschem Ausmaß, aber Reue, Bedauern, Kummer und Herzschmerz kennen wir alle. Aufwühlende Gefühle kennen wir alle. Die in herkömmlichen Schlaf-Ratgebern empfohlenen Rezepte – etwa vor dem Schlafengehen keinen Alkohol zu trinken oder sich ein Schlaf förderndes Umfeld zu schaffen – mögen ganz nützlich sein, diesen Punkt aber berücksichtigen sie nicht hinreichend. Die Achtsamkeitsmeditation dagegen trägt ihm Rechnung.

I

Achtsamkeit
als neuer Ansatz

Sie leiden also unter Schlafstörungen. Vielleicht haben Sie schon mit Ihrem Arzt darüber gesprochen oder irgendwelche Medikamente ausprobiert, konnten dem Problem aber nicht beikommen. Sie haben Bücher zum Thema gelesen und die Ratschläge darin beherzigt, Sie rauchen vor dem Schlafengehen nicht mehr, trinken keinen Kaffee oder Alkohol und haben andere nützliche Veränderungen vorgenommen, insbesondere was Bett und Schlafzimmer angeht, aber richtig gut ist Ihr Schlaf trotzdem noch nicht. Und so sind Sie schließlich bei sich selbst angekommen, bei Ihrem eigenen Geist.

Dieses Buch setzt da an, wo viele andere aufhören. Die Ursachen des Problems liegen tiefer, und das Herumdoktern an den Symptomen hat sich als ungenügend erwiesen. Jetzt gilt es den

Weg der Selbsterkenntnis und bewussten Wahrnehmung einzuschlagen, den uns die Achtsamkeitsmeditation weist.

Wir kommen ohne einen Leitfaden fürs Leben auf die Welt und müssen die Kunst einer klugen Lebensführung erst erlernen. Bei der Achtsamkeitsmeditation sitzen wir nur da und verfolgen, was passiert. Wenn wir dranbleiben, stehen die Chancen gut, dass wir bald etwas über unsere inneren Gewohnheiten und die Funktionsweise unseres Geistes herausfinden. So kann die Achtsamkeitsmeditation ein spannender Weg der Selbstentdeckung werden, auf dem sich uns immer wieder neue Erkenntnisse erschließen.

Erster Befund: der viel beschäftigte Geist

Wenn wir uns zum Meditieren hinsetzen, merken wir sehr bald, was in unserem Inneren alles los ist. Das Herz schlägt, die Lunge atmet, das Gehirn denkt. Und zwar ständig. Immerzu. Das Denken hört nicht auf, wenn wir unsere glänzende Semesterarbeit abgeliefert, den Unterrichtsplan für morgen aufgestellt oder die Steuererklärung abgeschickt haben. Und es hört auch nicht auf, wenn wir ins Bett gehen. Denn einen »Aus«-Knopf gibt es nicht.

Manche, die mit der Achtsamkeitsmeditation beginnen, können kaum fassen, *wie viel* da in ihrem Kopf vorgeht, und empfinden es als Zumutung, mit dem ganzen Stimmengewirr zu sitzen. Doch dieses anfängliche Tohuwabohu lässt sich weder vermeiden noch ignorieren. Wir versuchen es unter Ablenkungen zu begraben, erreichen damit aber nicht viel. Der Film ist bald vorbei, der Roman endet, die Freunde gehen nach Hause. Irgendwann müssen wir uns stellen und eine Lösung finden.

Konzentration und Meditation

Am Anfang unseres Achtsamkeitstrainings steht die Konzentration auf den Atem. Manchem mag das einfältig erscheinen, schließlich sind wir es gewohnt, Probleme durch Nachdenken zu lösen. Probleme mit dem Atem zu lösen haben wir nicht gelernt. Aber lesen Sie den ersten Satz noch einmal. Vielleicht fällt Ihnen jetzt das Wort »Konzentration« auf. Bei der Achtsamkeitsmeditation atmen wir nicht nur, sondern konzentrieren uns auf den Atem. In vielen spirituellen Traditionen ist

Konzentration beziehungsweise Sammlung gleichbedeutend mit Meditation. In der thailändischen Sprache etwa heißt Meditation *Samadhi* (dies ist das alte Sanskritwort für tiefe Sammlung).

Wenn Sie wirklich auf etwas konzentriert sind, existiert für Sie nichts anderes mehr als der Gegenstand Ihrer Konzentration. Denken Sie nur an einen Hochseillauf zwischen zwei Wolkenkratzern. Wenn Sie ganz auf den Atem konzentriert sind, gibt es für Sie nur noch den Atem und sonst nichts. Die Gedanken werden unscharf. Und was Ihnen zunächst nicht im Geringsten einleuchtete, funktioniert tatsächlich, wie Sie sehen werden. Wenn es mal nicht funktioniert, liegt das daran, dass Ihre Konzentration nachgelassen hat. Sie würden ja auch nicht dem Seil die Schuld geben, wenn Sie da oben die Balance verlieren, oder?

Mit dieser Konzentration begegnen wir einem sehr weit verbreiteten Phänomen: Der Körper ist hier, mit den Gedanken aber halten wir uns ganz woanders auf. Geist und Körper sind nicht miteinander verbunden. Da jedoch der Körper für das Atmen zuständig ist und der Geist für die Konzentration, kann die Konzentration auf den Atem die Verbindung (wieder)herstellen. Sobald diese Konzentration intensiv genug geworden ist, kommt es in der Regel zu einer Verlagerung des Körpergefühls, und zwar vom Kopf, in dem sich die Gedanken abspielen, in den Brustraum und von dort aus weiter abwärts in den Bauch. Hier, im auf und ab schwingenden Zwerchfell, ist der Atem zu Hause.

Gedanken sind eine Art mentaler Elektrizität; sie haben etwas vom Nordlicht, aufleuchtend, wogend und schließlich verebbend. Der Körper, der uns beherbergt, ist dabei immer zugegen, und wenn wir mit unserer Konzentration beim Atem bleiben, können wir den Geist schließlich aus den Klauen seines Denkens befreien, das uns immer wieder irgendwohin entführen möchte. Dann sitzen wir einfach da und tun nichts, und der Atem wird ruhiger und tiefer. Bis dahin ist er den wahllosen Sprüngen unseres Denkens gefolgt, doch das kehrt sich jetzt um: Unsere Gedanken schließen sich mehr und mehr dem stetigen, langsamen Rhythmus des Atems an. Ein Gefühl von Ruhe stellt sich ein, wir schalten in eine langsamere Gangart um.

Mir ist die Konzentration keineswegs in den Schoß gefallen, muss ich sagen, und Ihnen wird es vielleicht auch so ergehen. Die einzelnen Meditationen beginnen und enden vielfach mit einem Glockensignal. In meiner Anfangszeit war es beim Abläuten oft so, dass ich mich erst einmal besinnen musste, wo ich überhaupt war, denn ich hatte mich auf den Flügeln meiner Fantasie wer weiß wohin tragen lassen. Daran kann ich mich noch gut erinnern. Manchmal wird die Konzentration aber auch von irgendwelchen ungelösten Fragen gestört. Welcher Art diese Fragen sind, mag uns zunächst gar nicht bewusst sein, nur merken wir irgendwann, dass unsere Konzentration zu wünschen übrig lässt. In der Achtsamkeitsmeditation schälen sich diese Dinge immer deutlicher heraus, sodass wir besser mit ihnen fertigwerden, was wiederum unsere Konzentration verbessert.

Ich habe im Laufe der Zeit in vielen verschiedenen Gruppen meditiert, die Meditationen aber liefen im Grunde immer nach dem gleichen Muster ab: Sie waren langwierig und stumm. Das ist für erfahrene Meditierende angemessen, Anfänger aber kommen damit oft nicht zurecht. Ich dachte, es müsste doch auch einen besseren Einstieg geben, und nahm mir vor, ihn zu finden. Das Ergebnis meiner Suche sind die kurzen geführten Meditationsübungen, die Sie im zweiten Teil dieses Buchs finden. Bei der geführten Meditation bleiben Sie nicht einfach sich selbst überlassen. Vielmehr ist sie wie eine Stadtführung, geleitet von jemandem, der sich gut auskennt. Wenn Sie diese Übungen einige Wochen lang gemacht haben, werden Sie mit Gewinn und Vergnügen auch an längeren Meditationen teilnehmen können, die nicht von Worten begleitet werden.

Zweiter Befund:
das automatische Denken

Dem Denken wird in Gesellschaften wie der unseren ein hoher Stellenwert beigemessen. Und ich weiß noch, wie überrascht ich war, als ich bei meinen ersten Begegnungen mit der Achtsamkeitsmeditation hörte, das Denken sei doch eigentlich eher eine Belastung. Nun, Achtsamkeitslehrer sind bestimmt nicht rückschrittlich oder leistungsfeindlich. Es gibt in der buddhistischen Literatur sogar viele Stellen, die den Wert des Denkens besingen – allerdings als rechtes Denken, klares Denken und Einsicht.

Wir leben ja meist unter dem Eindruck, *wir* seien es, die unsere Gedanken hervorbringen. Genauso gut können wir uns aber auch dem Buddha anschließen und sagen, dass die Gedanken *uns* hervorbringen. Ob wir uns beispielsweise als erfolgreich oder als Versager betrachten, wird von unseren Gedanken bestimmt. Und viele unserer Gedanken tauchen ganz von selbst auf. Deshalb sagt Thich Nhat Hanh, nur zehn Prozent unserer Gedanken seien nützlich.

Diese zehn Prozent – das zielgerichtete Denken, wie wir es etwa auf eine Steuererklärung verwenden – sind uns einigermaßen bewusst, die automatischen Gedanken aber entgehen uns größtenteils; oft merken wir nicht einmal, dass wir denken. Das ist einer der Gründe für die Konzentration auf den Atem, mit der die Achtsamkeitspraxis beginnt. Dabei geht es generell darum, das Augenmerk auf all die Dinge zu richten, die sonst mehr oder weniger automatisch ablaufen. Bei Thich Nhat Hanh dienen auch die Meditation im Gehen, die Essmeditation und sogar die Geschirrspülmeditation diesem Zweck. Wir wenden den Blick nach innen, um diese Tätigkeiten ganz gezielt zu beobachten, und dabei zeichnen sich auch unsere automatischen Gedanken und Gefühlsregungen immer deutlicher ab. Wir fangen an, bewusst zu leben.

Das automatische Denken kann allerlei Probleme bescheren. Die kognitive Verhaltenstherapie nimmt sich vornehmlich der Gedanken an, die uns belasten, weil sie übertrieben negativ sind oder nicht der Realität entsprechen. Das automatische Denken kann aber auch durch seine schiere Masse zum Problem werden. Mir konnte es früher zum Beispiel passieren, dass ich mich beim Denken an etwas, das optimal gelaufen war, hemmungslos in meinem Erfolg suhlte – und prompt nicht einschlafen konnte. Außerdem verhindert das automatische Denken, dass wir anderen wirklich zuhören.

Nehmen wir an, Sie hören Ihrem Ehepartner zu. Wobei »zuhören« vielleicht nicht einmal das richtige Wort ist. Wahrscheinlich ist es eher so, dass Ihr Gegenüber redet und Sie dreinschauen, als ob Sie ganz bei der Sache wären. Dabei haben Sie in Wirklichkeit gar kein offenes Ohr, sondern schätzen alles, was Sie vernehmen, blitzschnell ein, ziehen (voreilige) Schlüsse daraus oder arbeiten bereits an einer Entgegnung. Im Grunde plappern Sie die ganze Zeit, wenn auch wenigstens mit abgeschaltetem Ton. Aber es gibt auch Situationen, in denen man sich nicht einmal die Mühe der vorübergehenden Stummschaltung macht und jeder das, was er gerade denkt, sofort herauspalavert – mit dem Ergebnis, dass alle durcheinanderreden. Da wird viel gequasselt und so gut wie nicht zugehört. Echtes Zuhören ist eine Kunst. Die erschließt sich uns aber erst, wenn wir auf unsere Gewohnheiten aufmerksam geworden sind und bewusst einen Raum freihalten, in dem wir tatsächlich wahrnehmen können, was gesagt wird. Sonst wird oft nur viel geredet, ohne dass eine echte Kommunikation stattfindet.

Manchen wird erst abends im Bett oder bei den ersten Versuchen mit der Meditation bewusst, *wie* viel sie eigentlich denken. Ich bin sogar Leuten begegnet, die meinten, dieses Problem entstünde erst durch die Meditation. Da kann es nicht überraschen, wenn viele keine Ahnung haben, woher ihre Schlafprobleme kommen.

Dritter Befund: so viel Negatives

Ein Gutteil unserer automatischen Gedanken ist negativer Natur. Unzufrieden sind wir offenbar leicht, Kinder mit ihren Eltern, Eltern mit ihren halbwüchsigen Kindern. Kaum jemand ist zufrieden mit seinem Gewicht, und der wachsende Sektor der Schönheitschirurgie deutet wohl darauf hin, dass wir mit unserem Aussehen auch nicht zufrieden sind. Eine gewisse Neigung zur Unzufriedenheit scheint in uns angelegt zu sein.

Achtsamkeit führt uns diese Neigung zu Bewusstsein. Ich weiß noch genau, wie mir die Automatik meines negativen Denkens zum ersten Mal aufgefallen ist. Es war bei einer Besprechung in der Firma, in der ich damals arbeitete. Irgendwann wurde mir plötzlich klar, dass ich für jeden, der das Wort ergriff, innerlich sofort einen abschätzigen Kommentar parat hatte. Die Leute waren in meinen Augen entweder inkompetent oder wiederholten nur immer das gleiche unnütze Zeug oder hatten nicht genügend Durchblick. Diese Entdeckung traf mich damals sehr. Aber dann vertiefte ich mich wieder in die Arbeit und vergaß sie schnell.

Einige Zeit später nahm ich an einem buddhistischen Retreat teil, und da gab es die Ablenkungen des Arbeitsumfelds nicht, ich war mit mir allein. Trotzdem wurde mir auch hier plötzlich bewusst, dass vieles falsch lief: Der Zeitplan war nicht in Ordnung, wir mussten viel zu früh aufstehen, die Mahlzeiten waren unzureichend organisiert und die Vorträge hätten auch besser sein können. Da ging mir ein Licht auf. Vielleicht, dachte ich, gibt es diese Probleme ja alle nur in meinem Kopf! Tat ich mich womöglich schwer, die Dinge und Menschen einfach so zu nehmen, wie sie sind? Da es diesmal nichts gab, womit ich mich von solchen Gedanken ablenken konnte, sah ich mir diese Angewohnheit, die keine Freude an dem Retreat aufkommen ließ, näher an.

In diesen beiden Fällen drehten sich meine negativen Gedanken um das, was gerade vorging. Bei anderen Leuten können die geistigen Gewohnheiten anders aussehen. Ihre negativen Gedanken drehen sich vielleicht in der Gestalt von Sorgen und Befürchtungen um die Zukunft. Oder auch um die eigene Person – mit der Folge, dass Selbstbewusstsein und Selbstwertgefühl leiden.

Ungute Gedanken
zur Schlafenszeit

Tagsüber werden wir von vielem abgelenkt. Alles Mögliche geschieht, wir sind unter Leuten, der Computer braucht unsere Aufmerksamkeit oder das Telefon oder alles zusammen. Abends im Bett aber sind wir mit unseren Gedanken allein. Während sie tagsüber eher als Untertitel laufen, springen sie uns jetzt an wie Schlagzeilen. Und die Möglichkeiten, die wir am Tag haben, stehen uns in der Nacht nicht zur Verfügung. Weder können wir unsere Gedanken geflissentlich überhören noch uns mit Kollegen oder Freunden darüber austauschen.

Wer überlegt, wie er besser ein- oder durchschlafen kann, fängt im Allgemeinen mit dem an, was geschieht, nachdem er das Licht ausgemacht hat. Ob man aber im Dunkeln plötzlich Gedanken der Zuversicht fassen kann, wenn man sich den ganzen Tag über in negativem Denken geübt hat? Minusgedanken ziehen Minusgefühle nach sich, Ängste oder Ärger zum Beispiel. Und die halten uns dann wach.

Mit am meisten wird unsere Schlafbereitschaft von der Sorge um den Schlaf selbst gestört. Dabei handelt es sich um eine Spielart dessen, was wir Versagensangst nennen, etwa auf sexuellem

Gebiet oder in Form des sogenannten Lampen-
fiebers. Und die Angst um den Schlaf wirkt sich
natürlich ähnlich lähmend aus. Ob ich überhaupt einschlafen kann? Ob ich mich in der
Nacht wohl ausreichend erhole? Was, wenn ich
nicht genug Schlaf bekomme? Solche Gedanken
haben genau dieselben negativen Folgen wie alle
anderen Sorgen. Ganz abgesehen davon, dass sie
manche Leute zu der irrigen Ansicht verleiten, sie
könnten oder müssten ihren Schlaf steuern. Das
kann nur nach hinten losgehen. Ich habe noch
einen alten Ansteck-Button, der bei uns in den
Achtzigern auf Partys in war und auf dem stand:
»Amüsieren wir uns schon?« Ähnlich abwegig ist
es, sich beim Einschlafen ständig zu fragen, ob
man wohl schon einschläft. (Auf diesen Kontroll-
wahn werde ich im dritten Kapitel noch näher
eingehen.)

Eines der Mittel gegen ungute Gedanken ist
Dankbarkeit.

Heilsame Dankbarkeit

Ich bin dankbar für alles, was ich bin
und habe. Ich sage unaufhörlich Dank.
Es erstaunt mich, wie zufrieden man
sein kann ohne etwas Bestimmtes –
nur mit einem Gefühl von Dasein.
Mein Atem ist mir reine Süße. Wie muss
ich lachen, wenn ich an meine ungewissen,
unbestimmten Reichtümer denke.
Nicht Besitz, sondern Freude ist mein
Reichtum.

Henry David Thoreau

Dankbarkeit, das Gegenteil von Unzufriedenheit, zeichnet sich dadurch aus, dass man in allem, was schiefgehen mag, das Gute findet und
es wertschätzt. Und irgendetwas muss ja alle
Tage bestens laufen, schließlich liegen wir noch
nicht unter der Erde. Das Leben ist in gewisser
Weise ein Wunder, jedenfalls weiß die Wissen-
schaft noch längst nicht alles darüber. Und für
das Wunderbare Dankbarkeit zu empfinden ist
nur natürlich.

Zufriedenheit und Dankbarkeit sind wunderbare Schlafmittel. Das Denken braucht etwas,
woran es knabbern kann. Und statt es an irgendwelchen alten Knochen vom Abfallhaufen nagen

zu lassen, können wir ihm einen saftigen Happen anbieten: die dankbare Anerkennung all dessen, was wir sind und haben. Das ist befriedigender als Schäfchen zu zählen oder sich die Abendnachrichten anzuschauen. Keine Neuigkeiten sind mitunter ja die beste Nachricht, die wir bekommen können, aber die Medien scheinen eher der Philosophie anzuhängen, dass nur schlechte Nachrichten überhaupt erwähnenswert sind. Eine solche Berichterstattung ist jedoch nicht bloß einseitig, sondern stellt gerade kurz vor dem Einschlafen die denkbar ungeeignetste Kost dar. Zur Schlafenszeit sollten wir erfahren, was gut läuft in der Welt. Früher hat man den Tag mit dem Abendgebet abgeschlossen und nicht mit den Spätnachrichten. Das Beten tat den Menschen gut; es half ihnen loszulassen und sich dem Schlaf zu überantworten. Die Abendnachrichten haben oft eine gegenteilige Wirkung.

Eine Übung in Dankbarkeit beginnt damit, dass wir uns die guten Dinge in unserem Leben mit froher Wertschätzung vor Augen führen. Wenn Sie es das erste Mal versuchen, fällt Ihnen vielleicht nicht gleich etwas ein. Das ist nicht weiter schlimm. Sie müssen nur ein wenig graben und brauchen etwas Übung. Womöglich haben Sie sich schon allzu sehr an unangenehme Gedanken gewöhnt.

Sie denken etwa an Ihren Mann, und als Erstes fällt Ihnen etwas ein, was Sie an ihm nervt. (Das Geschlecht können Sie nach Bedarf austauschen.) Aber sehen Sie davon jetzt einmal ab, geben Sie sich wirklich Mühe, etwas Erfreuliches an ihm zu finden. Sollte nichts kommen, bleiben Sie einfach bei der Frage, bis Ihnen doch etwas eingefallen ist. Es muss nichts Großes sein, bei dieser Übung ist auch jede Kleinigkeit willkommen. Sobald Sie dann einmal auf etwas Anerkennenswertes gestoßen sind, werden weitere positive Eigenschaften oder Wesenszüge hinzukommen. Und in null Komma nichts werden Sie staunen, was für ein toller Typ Ihr Mann doch ist. Nur weiter so. Gönnen Sie sich das Gefühl der Dankbarkeit, so einen Partner an Ihrer Seite zu haben. Mit dieser Übung wird es Ihnen gelingen, die eine ärgerliche Geschichte von vorhin ins rechte Verhältnis zu setzen. Und das Gefühl, mit jemandem zusammenzuleben, den Sie wirklich schätzen, wird sich auch auf Ihren Schlaf positiv auswirken.

Genauso können Sie mit Ihren Kindern, Ihren Nachbarn, Ihrem Chef verfahren. Nach ein paar Wochen dieser Dankbarkeitsübung werden Sie überrascht feststellen, dass Ihnen, wenn Sie an jemanden denken, zuerst dessen gute Eigenschaften einfallen und nicht die unerfreulichen. Sie denken mit einem Lächeln an die Menschen.

Und was Sie zunächst nur getan haben, um besser schlafen zu können, wird am Ende auch Ihren Beziehungen zugutekommen. Wenn Ihr Blick nämlich mit liebevoller Anerkennung auf jemanden fällt, ist die Wahrscheinlichkeit groß, dass dieser Blick genauso erwidert wird.

2

In der Nacht

Die Dämmerzone

Wir kommen jetzt zu der Zeit zwischen dem Einschlafen und dem (womöglich vorzeitigen) Aufwachen.

Zwischen Schlaf und Wachzustand liegt oft eine Dämmerzone, in der wir noch dösen, aber schon denken, als wären wir wach. Uns kommen Gedanken wie »Jetzt mache ich besser das Fenster zu«, »Eigentlich müsste ich aufs Klo« oder auch »Dieser Lärm! Ich sollte zu den Nachbarn gehen und mich beschweren«. In dieser Dämmerzone können wir uns entweder selbst wachrütteln oder weiterschlafen.

Beim Meditieren gibt es ein ähnliches Phänomen. Wenn Sie daheim für sich allein meditieren, kann ein plötzlicher Impuls entstehen, über den Kühlschrank herzufallen, das Badezimmer zu putzen oder ans Telefon zu gehen, wenn es klingelt. Ich persönlich habe oft den Drang, mich an der Nase zu kratzen, weil sie plötzlich fürchterlich juckt.

Dabei fällt mir die Geschichte mit der Bäckerei ein, die meine Lebensgefährtin früher hatte. Einmal ging nachts um eins das Telefon. Ein Polizist war dran und unterrichtete sie von einem Einbruch in ihrem Geschäft. Die Schaufensterscheibe war zertrümmert, die Kasse lag aufgebrochen am Boden. Nachdem sich meine Freundin das kurz angehört hatte, erwiderte sie leise: »Vielen Dank, ich kümmere mich morgen früh darum.« Dann drehte sie sich im Bett um und war auch schon wieder weg. Ich staunte. Sie ließ sich von der Geschichte einfach nicht um den Schlaf bringen. Als wir später darüber sprachen, sagte sie: »Was hätte denn noch wegkommen können? Die Muffins vielleicht?«

Zur Achtsamkeitspraxis gehört auch, dass wir zwischen einer Störung und unserer emotionalen Reaktion darauf zu unterscheiden lernen. Laute Geräusche zum Beispiel. Wer weiterschlafen kann, bekommt sie zwar noch irgendwo mit, ereifert sich jedoch nicht darüber. Er registriert im Hintergrund das Vorbeifahren des Schneepflugs oder Müllwagens, schläft aber weiter.

Wie uns die Meditation helfen kann, solche Störungen einfach zu »überschlafen«?

Es kommt ja auch während der Meditation zu Störungen. Das kann alles Mögliche sein, von der juckenden Nase über Missempfindungen in den Beinen bis hin zum Eintreffen einer E-Mail. Auch schmerzliche Gefühle können auftreten. Bei der Meditation lernen wir, mit allem zu sitzen, was sich gerade bietet. Sie errichtet eine Art Pufferzone zwischen solchen Regungen und dem tatsächlichen Handeln, sodass wir dem Impuls des Augenblicks nicht mehr einfach nachgeben; vielmehr nehmen wir ihn zur Kenntnis, lächeln ihm zu – und sitzen weiter. Unbezahlbar ist ein solcher Puffer, wenn wir verärgert sind, einfach weil wir dann nicht sofort aggressiv lospoltern. Aber auch in der Dämmerzone zwischen Schlaf und Wachzustand kann er von Vorteil sein, denn dann nehmen wir nicht mehr jeden Gedanken, der uns durch den Kopf schießt, zum Anlass, aus dem Bett zu springen und irgendetwas zu tun. Bei der Meditation kann das ungefähr so aussehen:

»Während ich ein- und ausatme, nehme ich ein unangenehmes Gefühl in den Beinen wahr. Ich lächle ihm zu und ruhe weiterhin froh in meinem Atem.«

Setzen wir für »unangenehmes Gefühl in den Beinen« etwas anderes ein, zum Beispiel »Lust auf
Eis«, lautet unsere Übung so:

> »Während ich ein- und ausatme, nehme ich
> wahr, dass ich Lust auf Eis habe. Ich lächle
> diesem Verlangen zu und ruhe weiterhin froh
> in meinem Atem.«

(Wie Sie sehen, kann diese Übung also auch zur
Vorbeugung von Gewichtsproblemen nützlich
sein.)

Noch ein Beispiel: störende Geräusche.

> »Während ich ein- und ausatme, nehme ich
> ein Geräusch wahr. Ich lächle ihm zu und
> ruhe weiterhin froh in meinem Atem.«

Sollte Ärger Ihr Problem sein, könnte die Übung
so gehen:

> »Während ich ein- und ausatme, nehme ich
> wahr, dass ich ärgerlich bin. Ich lächle mei-
> nem Ärger zu und ruhe weiterhin froh in
> meinem Atem.«

Vielleicht haben Sie inzwischen erkannt, welche
Bedeutung dieser Ansatz für die Dämmerzone

zwischen Schlaf und Wachsein haben kann: Wenn wir lernen, ein gewisses Missempfinden, ein Verlangen oder eine Verärgerung auszuhalten, ohne darauf zu reagieren, gewinnen wir an Freiheit. Die äußeren Dinge beherrschen uns nicht mehr so, wir reagieren nicht länger rein impulsiv. Diese Fähigkeit beweist ihren Nutzen in vielen Bereichen unseres Lebens.

Nachts aufwachen

Wenn es öfter vorkommt, dass Sie um, sagen wir, drei Uhr morgens aufwachen, kann ich Ihnen versichern, dass Sie damit nicht allein sind. Tendenziell geht es vielen so, die die erste Blüte der Jugend hinter sich haben. In seinem Buch *In der Stunde der Nacht* zeigt A. Roger Ekirch auf, dass die Menschen des vorindustriellen Zeitalters in der Regel zwei Schlafphasen pro Nacht hatten und dazwischen eine Stunde oder länger wach waren. Die Bauern konnten nach der anstrengenden Feldarbeit gerade noch etwas essen, bevor sie todmüde ins Bett fielen. Wenn sie dann mitten in der Nacht aufwachten, kam die Liebe zu ihrem Recht. Andere beteten in dieser Wachphase, philosophierten oder deuteten ihre Träume. Es war auch die Zeit, in der die Poeten und Scholaren besonders gern schrieben.

Einige Jahre vor Ekirchs historischer Darstellung hatte eine Wissenschaftlergruppe um den Psychiater Thomas Wehr eine wegbereitende Studie zum Thema der sogenannten Winterdepression und ihrer Therapie mithilfe von Licht veröffentlicht. Bei den Versuchen, die dieser Arbeit zugrunde lagen, hielten sich gesunde Probanden einen Monat lang vierzehn Stunden pro Tag in vollständiger Dunkelheit auf. Wie sich herausstellte, entwickelten die Leute in dieser Zeit ein zweigeteiltes Schlafmuster: Auf drei bis fünf Stunden Schlaf folgten eine Wachphase von ein bis zwei Stunden sowie anschließend eine weitere drei- bis fünfstündige Schlafphase. Vielleicht haben in den USA deshalb so viele Läden die Nacht hindurch geöffnet, weil eine Mehrzahl der Menschen zu diesem sogenannten polyphasischen Schlaf neigt.

Wie weit diese Neigung verbreitet ist, fiel mir zum ersten Mal vor Jahren auf, als ich mit einer Freundin zu einer gemeinsamen Geschäftsreise aufbrach. Da wir verabredet hatten, dass ich sie früh abholen würde, fand ich mich um vier Uhr morgens vor der hohen Mietskaserne ein, in der sie wohnte. Ich klingelte, und während ich unten auf sie wartete, bemerkte ich ein Flackern wie von Blitzen. Ich blickte zum Himmel; nichts deutete auf ein Gewitter hin. Aber in vielen Wohnungen lief der Fernseher – daher das Flackern. Auch Umfragen haben ergeben, dass sich viele Leute um diese Zeit gern die Frühnachrichten ansehen.

Als ich in einem meiner Schlafkurse darüber berichtete, war vielen Teilnehmern die Erleichterung förmlich anzusehen. Einer erzählte, er sei seit vielen Jahren neben seinem Beruf ehrenamtlich als Leiter einer gemeinnützigen Organisation tätig und widme sich den damit verbundenen Aufgaben immer nachts ab drei, wenn er aufwache.

Dass der frühe Morgen eine vielversprechende Zeit ist, haben die meisten spirituellen Traditionen der Welt erkannt. In den thailändischen Waldklöstern, in Zen-Zentren und christlichen Klöstern wird überall früh aufgestanden, um die ersten Gebete zu verrichten. Zu Hause können wir selbst bestimmen, was wir mit der Zeit anfangen, wenn wir mitten in der Nacht aufwachen. Wir können diese Wachphase, die im Durchschnitt eine bis anderthalb Stunden dauert, nutzen, um fernzusehen oder zu meditieren. Wir können uns grämen oder irgendetwas tun, was ohnehin getan werden muss. (Diese Zeit eignet sich auch sehr gut für die Übungen im zweiten Teil des Buchs.)

Bei einem solchen Rhythmus stellt sich natürlich die Frage, wie wir genügend Schlaf bekommen. Wir könnten früher ins Bett gehen, aber das möchten viele nicht. Als Kindern war es uns gar nicht recht, früh ins Bett gesteckt zu werden und alles richtig Interessante, zum Beispiel das Fernsehprogramm, den Erwachsenen überlassen zu müssen. Seitdem finden wir es irgendwie doof, früh ins Bett zu gehen. Ich erlebe es auch bei meiner Lebensgefährtin, dass sie um halb zehn schon richtig bettschwer ist, sich aber noch eine Stunde weiterschleppt, weil sie meint, es sei »einfach noch zu früh zum Schlafengehen«. Vielleicht experimentieren Sie ein bisschen, um herauszufinden, ob es Ihnen etwas bringt, früh ins Bett zu gehen.

In vielen südlichen Gegenden wird Siesta gehalten – ein liebenswerter Brauch, für den es sicher gute Gründe gibt. Jedenfalls stammt die Sorge um die schädlichen Folgen des Schlafmangels meines Wissens aus Ländern, die die Tradition der Mittagsruhe nicht kennen.

Längerer Nachtschlaf oder
ein Nickerchen zwischendurch?

Wenn Sie in der zweiten Tageshälfte oft müde sind, benötigen Sie vielleicht gar nicht mehr Schlaf in der Nacht, sondern eher ein Mittagsschläfchen. Ich selbst brauche meine zwanzig Minuten, um nachmittags wirklich auf Draht zu sein. Eine Stunde mehr Schlaf in der Nacht bringt mir gar nichts. Suzanne, meine Lebensgefährtin, kann dagegen mittags überhaupt nicht schlafen. Sie macht tagsüber kein Nickerchen und scheint es auch nicht zu brauchen. Sollte es Ihnen wie mir gehen, werden Sie mit Vergnügen die Anmerkungen zum Thema lesen, die William A. Anthony in seinem 1997 erschienenen Buch *The Art of Napping* gemacht hat:

> Viele kennen die Wohltaten des Nickerchens gar nicht – ein typischer Fall von Vergessen des in der Kindheit Gelernten. Andere bekommen ein schlechtes Gewissen, wenn sie sich zwischendurch hinlegen, und verschweigen es deshalb lieber.
> Wir leben in einer Mittagsschlafgesellschaft, die den Mittagsschlaf diskriminiert.
> Der Kurzschlaf zwischendurch kommt in allen Altersstufen und überall auf der Welt vor.

Sein Fehlen ist die Ausnahme, nicht die Regel. Die Mehrheit der Menschen hält Nickerchen, nur redet man nicht öffentlich darüber.

Anthony zufolge weist übrigens nichts darauf hin, dass es die Nachtruhe gefährdet, wenn wir uns mittags hinlegen und kurz schlafen.

Die perfekte Nachtruhe?

Eine meiner Lieblingsgeschichten über Mullah Nasruddin geht so: Einmal wurde er von einem Freund gefragt, weshalb er nicht verheiratet sei. Weil er immer nach der vollkommenen Frau Ausschau gehalten habe, antwortete der Mullah. Wie das denn so gelaufen sei, erkundigte sich sein Freund.

Da erzählte ihm Nasruddin die Geschichte seiner Liebesbeziehungen, in der es auch zu ein paar Beinahe-Hochzeiten gekommen war, nur dass sich kurz vorher immer herausgestellt hatte, dass die Angebetete doch irgendeinen Makel aufwies – nicht gutmütig genug, nicht fleißig genug, nicht charmant genug. Dann aber geriet er über eine Schönheit ins Schwärmen, bei der alles genau gestimmt hatte.

»Und warum hast du die nicht geheiratet?«, wollte der Freund natürlich wissen.

»Ach«, seufzte Nasruddin wehmütig, »sie war auf der Suche nach dem vollkommenen Mann.«

Und die Moral von der Geschicht': Wenn dir etwas »Vollkommenes« widerfährt, so freu dich darüber. Wer das Vollkommene aber *sucht*, findet es womöglich nie. Denn es kommt entweder von selbst oder gar nicht. Unsere Nächte sind alle verschieden, genau wie die Tage auch. Und wenn wir von ihnen verlangen, unseren Idealvorstellungen zu entsprechen, laden wir uns damit nur unnötig Stress auf.

Inspirierte Nächte

Von Paul McCartney heißt es, die Melodie zu dem Song »Yesterday« sei ihm eines Nachts im Traum gekommen, als er bei seiner damaligen Freundin Jane Asher war. Nach dem Aufwachen sei er sofort ans Klavier geeilt und habe die Melodie gespielt, um sie ja nicht zu vergessen.

Und Lady Gaga erzählte jüngst in einem Fernsehinterview: »Manchmal habe ich nachts beim Einschlafen viele Ideen. Wenn ich dann aufwache, mache ich sofort eine Aufnahme mit dem

Handy und schicke sie an meine Produzenten.«
Sogar bedeutende wissenschaftliche Entdeckun-
gen wurden schon aus einem Traum geboren.
Die Inspiration stellt sich oft unverhofft ein. In
der Stille der Nacht finden wir den Raum, einen
Traum oder eine Erkenntnis ganz auszuloten.

3

Hier und jetzt im Bett

Ich eil' ins Bett, ermüdet von Beschwer,
Zur holden Ruhstatt weitgereister Glieder:
Doch auf den Weg macht sich das Haupt
nunmehr,
Wach wird die Seele, sinkt der Leib darnieder.
Denn jetzo suchen die Gedanken dich,
Aus weiter Fern' auf frommer Pilgerschaft;
Weit offen halten Augenlider sich,
Ich blick' in Dunkel, wie ein Blinder gafft ...

William Shakespeare, aus Sonett 27
(Übersetzung Schlegel/Tieck)

Das Achtsamkeitsmantra »Ganz im Hier und Jetzt« eignet sich nachts genauso gut als Übungsthema wie tagsüber, denn schließlich sind es die Gedanken, die uns wach halten. Wenn wir uns mit der Vergangenheit oder Zukunft beschäftigen, sind wir in Gedanken. Im Hier und Jetzt dagegen sind wir bei unseren fünf Sinnen. Allerdings reißt der Denkapparat deren Terrain ständig wieder an sich, sodass wir schließlich mit den Gedanken »ganz woanders« sind. Unser Denken, das sich wie das Raubein auf dem Spielplatz aufführt, verdanken wir der Evolution. Ein großes, effektiv arbeitendes Gehirn bringt mancherlei Vorteile mit sich, doch es hat auch seine Schattenseiten. Das Raubein schubst die fünf Sinne einfach beiseite, nimmt ihren Platz ein, und unversehens befinden wir uns in der Vergangenheit, wo es etwas zu bedauern gibt oder wir etwas wiedererleben, was Jahre zurückliegt. Oder aber wir sind in der Zukunft und malen sie uns aus, machen uns Sorgen, wie es mit diesem und jenem weitergeht, oder geben uns in Tagträumen allen möglichen Annehmlichkeiten hin.

Tagsüber haben die Sinne zumindest eine Chance. Die Welt kommt auf uns zu und fordert unsere Aufmerksamkeit. Sollten wir gedankenverloren eine Straße überqueren, wird uns eine Hupe in unsere Sinne zurückschnellen und der Gefahr ausweichen lassen. Vor uns aufleuchtende rote Lichter holen uns aus unseren Gedanken in die Realität des Straßenverkehrs zurück. Nachts aber ist das Raubein Denken ganz in seinem Element. Nachts, wenn alles dunkel und still ist, hat es keine Konkurrenz. Nichts schützt uns mehr vor seinem Zugriff, nichts Äußeres erregt unsere Aufmerksamkeit und katapultiert uns dadurch ins Hier und Jetzt zurück. Nachts ist es für unser Denken ein Leichtes, gesundheitliche Probleme oder auch irgendeinen Vorfall bei der Arbeit nach Belieben aufzubauschen. Den Rest besorgt dann die Fantasie mit ihren Horrorszenarien, die uns ganz bestimmt wach halten.

Die Augen offen halten

Das können Sie unter Umständen verhindern, wenn Sie die Augen offen halten, nachdem Sie sich hingelegt haben, statt sie gleich zu schließen. Lassen Sie sich lieber vom Schlaf selbst die Augen zudrücken. Für diesen simplen Trick, der nicht selten funktioniert, braucht man nur einen minimalen Rest von Licht im Raum, der einen ganz vage Umrisse erkennen lässt. Sie sind sicher auch schon mal beim Autofahren oder während eines Vortrags müde geworden. Da hatten Sie die Augen auf und gaben sich auch alle Mühe, sie offen zu halten, doch die Müdigkeit nahm immer mehr zu und Ihre Lider wurden schwer wie Blei.

Ähnlich ist es, wenn wir im Bett liegen und lesen: Wir haben die Augen so lange auf, bis uns die Müdigkeit übermannt. Kleinkinder behalten das Mobile über ihrem Bettchen im Auge, bis der Blick glasig wird. Und wenn der Schlaf dann kommt, fallen die Augen ganz von selbst zu. Sie geöffnet zu halten bewirkt, dass wir im Reich der Sinne und damit im Hier und Jetzt bleiben. Das erleichtert das Einschlafen. Wenn man die Augen dagegen sofort schließt, kann der gegenteilige Effekt auftreten: Der Schwerpunkt verlagert sich von den Sinnen auf das Denken.

Nicht tun, sondern lassen

Unser bewusstes Denken hätte gern alles in der Hand, das Wetter, die Börse, unsere Kinder, den Ehepartner. Dabei hat es ja nicht einmal den zu ihm gehörenden Körper wirklich unter Kontrolle. Die Fakten sprechen oft für sich: Sie möchten nicht schwanger werden, und dann werden Sie es doch. Ein andermal wünschen Sie sich vielleicht, ein Kind zu bekommen, und es klappt einfach nicht. Und jetzt liegen Sie im Bett und möchten einschlafen, aber es geht nicht. Bei einer längeren Autofahrt oder während einer Vorlesung möchten Sie hellwach und aufmerksam sein, doch die Müdigkeit überfällt Sie. Sie möchten gesund bleiben, werden aber trotzdem krank.

Manche Menschen werden ängstlich oder besorgt, wenn sie merken, dass sie die Dinge nicht in der Hand haben. Beim Autofahren denken sie ständig daran, dass man bei den anderen Verkehrsteilnehmern immer mit dem Schlimmsten rechnen muss. Sie vertrauen nicht darauf, dass sich andere genauso umsichtig verhalten wie sie selbst. Wenn sie als Fußgänger eine Straße überqueren, trauen sie den Autofahrern nicht zu, dass sie rechtzeitig bremsen. Der Gedanke, was ihren Kindern in dieser unbeherrschbaren Welt alles passieren könnte, versetzt sie in Angst und Schrecken. Und nachts haben sie das Gefühl, in einer Schlangengrube schlafen zu müssen.

Wenn auch Sie zu diesen Menschen gehören, dann bedenken Sie, dass es vielleicht ganz gut ist, dass die anderen Fahrer nicht sind wie Sie und nicht zur gleichen Zeit schläfrig werden. Ist Ihnen nicht auch schon einmal ein Fehler unterlaufen, den ein anderer Fahrer dann ausgebügelt hat?

Machen Sie sich klar: Dass Sie heute noch am Leben sind, verdanken Sie der Fürsorglichkeit und Umsicht Ihrer Mitmenschen. Dies gilt keineswegs nur in so eindeutigen Fällen wie etwa einer Notoperation, sondern auch fürs Alltägliche.

Piloten und die Angestellten der Luftraumüber-
wachung müssen gute Arbeit geleistet haben,
schließlich sind Sie bei keinem Ihrer Flüge ver-
unglückt. Bus- und Taxifahrer haben Sie sicher
durch den Verkehr chauffiert.

Das kleine Meditationsthema im Kapitel *Auch
mangelndes Vertrauen lächelnd annehmen* ist ein
gutes Mittel gegen Sorgen und Ängste. Von all
den Befürchtungen, die Ihnen womöglich längst
zur Gewohnheit geworden sind, könnte es allerdings übertönt werden.

Das heißt nicht, dass die Achtsamkeitsmeditation bei Ihnen nicht funktioniert. Es bedeutet
lediglich, dass Sie das »volle Programm« brauchen – alle Achtsamkeitsmeditationen, die Sie im
zweiten Teil dieses Buchs finden.

Hirn-Spam

Die Achtsamkeitsmeditation lässt quälende Gedanken und Gefühle nicht mit einem Schlag verschwinden. Aber sie kann Sie lehren, ein bisschen
auf Distanz zu Ihren Gedanken zu gehen, sodass
Sie sich nicht mehr ganz so sehr mit ihnen identifizieren. Ein Gedanke muss ja nicht stimmen, nur
weil er Ihnen durch den Kopf geht. Deshalb müs-

sen Sie auch nicht alle ernst nehmen. Manche Gedanken sind schlicht und einfach Spam, Schrott.

Mit Computer-Spam haben wir umzugehen gelernt. Wir haben gelernt, Werbung einfach auszublenden, selbst wenn sie knallrot ist und blinkt und zappelt, um unsere Aufmerksamkeit zu erregen. Auf Mitteilungen aus unserem Hirn aber steigen wir oft ein, ohne die Möglichkeit, dass es sich um Spam handeln könnte, auch nur in Betracht zu ziehen. Dabei kommt Hirn-Spam genauso massiv und aufdringlich daher wie Computer-Spam. Und erst die Achtsamkeit ermöglicht es uns, all das einfach sich selbst zu überlassen, ohne dass es unseren inneren Frieden stört.

Weshalb eigentlich werden wir von Computer-Spam so leicht geködert? Weil es an unsere Begehrlichkeit und unsere Ängste appelliert. Ich erinnere mich noch genau an die erste elektronische Mitteilung über ein Millionenerbe, das mir ein entfernter Verwandter angeblich hinterlassen hatte. Aus lauter Habgier klickte ich sie an und las sie durch. Dann kam die erste Mail, in der es hieß, ein Freund von mir brauche dringend Geld, weil er in London bestohlen worden sei und dort nun völlig mittellos und ohne Papiere dasitze. Und ich hab doch tatsächlich darüber nachgedacht – einfach weil ich mir Sorgen um ihn machte.

Sollten Sie dazu neigen, sich über alles und jeden Sorgen zu machen, wird der Spam-Versender in Ihrem Kopf diese Schwäche nach Kräften ausnutzen und Sie mit gedanklichen Horrorszenarien geradezu bombardieren. Wenn das geschieht, hilft nur: tief durchatmen, lächeln und weitermachen, als sei nichts geschehen.

Den Schlaf erzwingen wollen?

Schlaf lässt sich nicht befehlen. Das Einzige, was wir in der Hand haben, ist unsere geistige und körperliche Schlaf*bereitschaft*. Es wirkt paradox, ist aber eine Tatsache: Wenn man einschlafen möchte, denkt man am besten gar nicht daran, sondern spannt einfach ab und überlässt sich der molligen Wohligkeit des Bettes. Ist es nicht wunderbar, die nächsten Stunden nichts tun zu müssen, keine Verpflichtungen zu haben? Wir brauchen mal keine Leistung zu erbringen, sondern können uns ganz dem Schlaf überlassen. Alles andere dagegen, jeder krampfhafte Versuch einzuschlafen, wirkt kontraproduktiv und hält uns wach.

In der westlichen Gesellschaft, in der wir aufgewachsen sind, haben wir allerdings etwas anderes gelernt. Zum Beispiel: »Wenn etwas nicht auf Anhieb gelingt, musst du es noch einmal versuchen und dir mehr Mühe geben.« Das hat in vielen Zusammenhängen seine Berechtigung, nämlich immer, wenn wir etwas wirklich unter Kontrolle haben. So gelingt es uns etwa mit entsprechendem Einsatz, beim Joggen das Tempo zu erhöhen. In allen Fällen aber, in denen sich die Dinge nicht vom Bewusstsein her steuern lassen, bringen verstärkte Bemühungen gar nichts, sondern wirken unserem Ziel eher entgegen. So ist es auch beim Einschlafen.

Wenn sich der Schlaf nicht leicht und schnell einstellt, kann das daran liegen, dass uns die Stimme der sozialen Prägung einredet, wir gäben uns nicht genug Mühe. Große Anstrengung hat sich schon in vielen Bereichen unseres Lebens bewährt, wie beim erfolgreichen Abschluss der Ausbildung oder auf der Karriereleiter. Deswegen glauben wir an das Prinzip Erfolg durch entschiedenes Engagement. Aber die Dinge sich selbst überlassen – was soll das bringen?

Doch genau das ist notwendig, wenn wir friedlich schlafen möchten. Man kann einen Durstigen zur Wasserstelle führen, aber trinken muss er dann selbst, und genauso kann das Bewusstsein uns zwar ins Bett bringen, das Einschlafen aber kann es einem nicht abnehmen. Es muss lernen,

zur Seite zu treten, und der Natur das Feld überlassen.

Die Attraktivität von Schlaftabletten beruht
auf dem Irrglauben, man könne den Schlaf doch
unter Kontrolle bekommen. Mit dieser Illu-
sion räumt Gregg D. Jacobs in seinem Buch *Say
Goodnight to Insomnia* auf, indem er zunächst
die unerwünschten und mitunter sogar gefähr-
lichen Nebenwirkungen von Schlafmitteln aufführt. Darüber hinaus zitiert er jedoch eine ganze
Reihe wissenschaftlicher Untersuchungsergeb-
nisse, denen zufolge Schlafmittel erstens nicht
so wirksam sind, wie die Hersteller behaupten,
und zweitens aufgrund des Gewöhnungseffekts
ihre Wirksamkeit im Laufe der Zeit einbüßen.
Aber was noch schlimmer ist: Sie beeinträchtigen
unsere Leistungsfähigkeit. Nach einem Bericht
von Associated Press hat die Food and Drug
Administration der USA einen Brief an dreizehn
Hersteller viel verwendeter Schlafmittel geschrie-
ben und sie aufgefordert, die medizinische Zunft
über mögliche Folgen der etwas krasseren Art zu
unterrichten, zum Beispiel dass Leute schlafend
Auto fahren, telefonieren oder auch kochen und
essen könnten.

Gefühle bewusst wahrnehmen

Unserer Gedanken sind wir uns in der Regel bewusst; das gilt aber nicht unbedingt für die Gefühle, von denen sie ausgelöst werden. Gedanken haben etwas Handfestes, sind ebenso wenig zu übersehen wie der Henkel einer Teetasse. Während sie also den »greifbaren« Teil unserer geistigen Verfassung darstellen, entgleiten uns die Gefühle leicht oder liegen gar im Dunkeln. Von Traurigkeit etwa werden wir »beschlichen«. Die dazugehörigen Gedanken jedoch können uns wie eine Sturmflut treffen. Wenn wir auf jemanden wütend sind, beispielsweise auf unseren Partner oder den halbwüchsigen Sohn, fällt uns dazu alles Mögliche ein, und oft genug sprechen wir es auch aus. Wir diagnostizieren die (realen oder eingebildeten) Schwächen des Betreffenden und alle seine früheren »Missetaten« fallen uns wieder ein; das aber, was jeder andere sofort erkennen würde, entgeht uns: der eigene Ärger.

Gedanken und Gefühle spielen sozusagen Pingpong: Gefühle lösen Gedanken aus, Gedanken geben Gefühlen neue Nahrung. Wir ärgern uns über jemanden und denken: »Wie kann sie mir das antun?« Dieser Gedanke bringt uns noch mehr auf, und aus dieser Gefühlswallung ergibt sich der Gedanke: »Sie ist einfach gemein« – und der Ärger kocht immer höher. Wobei uns die Gedanken sehr präsent sind, der Hexenkessel der Gefühle aber weit weniger.

Dieser Pingpong-Effekt hält auch unsere Sorgen auf Trab. Befürchtungen und Selbstzweifel an sich sind nur Regungen, die vorbeiziehen wie die Wolken am Himmel. Nichts weiter dabei. Doch wenn wir nicht aufpassen – sie also nicht bewusst wahrnehmen –, mischen sich die Gedanken ein. Und die gehen vom Schlimmsten aus und gaukeln uns wahre Horrorszenarien vor. Dadurch verstärken sich die Sorgen schließlich so, dass wir nicht einschlafen können. Mit anderen Worten: Ohne Achtsamkeit geben wir unseren Ängsten immer mehr Nahrung und machen die Nacht zum Festival der quälenden Sorgen.

Doch wir können dazwischengehen und den Teufelskreis durchbrechen. Dann nehmen wir das Gefühl zur Kenntnis, lächeln ihm zu und sagen »Hallo Sorge, ich weiß, dass du da bist«, nähren es aber nicht mit Gedanken. Wir retournieren den Pingpongball, der uns zugespielt wurde, nicht, sondern behalten ihn ein und lassen ihn verschwinden. Spiel aus.

Der Ausdruck »Öl ins Feuer gießen« beschreibt die Beziehung zwischen Gedanken und Gefühlen sehr treffend. Ohne Öl geht das Feuer bald wieder aus wie ein Lagerfeuer, wenn man keine Äste und Scheite nachlegt. Zornige Gedanken dagegen halten die Flammen des Ärgers am Lodern.

Hier ein paar Anregungen zum Löschen:

1. Konzentrieren Sie sich auf den Atem. Damit ziehen Sie Ihre Aufmerksamkeit von den Gedanken ab. Die erste Übung im zweiten Teil dieses Buchs, »Innere Ruhe finden«, zeigt Ihnen, wie dabei vorzugehen ist. Machen Sie die Übung wie angegeben, und Sie werden feststellen, dass sich Ihr Ärger legt und Sie ruhiger werden.

2. Treiben Sie den Ärger mit einem anderen Gefühl aus. Das Gegenteil von Ärger ist Herzensgüte. Schon ein Tröpfchen Mitgefühl lässt bald wieder den Frühling in unsere Herzen einziehen.

3. Ärgern Sie sich über Ihren pubertierenden Sohn? Das Gehirn von Jugendlichen ist noch nicht voll entwickelt, sagt die Forschung. Ihr Sohn hat also zurzeit erst ein unvollständiges Gehirn. Und wenn Sie ihn als in dieser Hinsicht »benachteiligt« sehen, liegt darin vielleicht das Tröpfchen Mitgefühl, mit dem Sie Ihre Verärgerung ausheben können.

Die buddhistische Ikonografie stellt Avalokitesh-vara, den Bodhisattwa des Erbarmens, in seiner vor allem in China und Japan verbreiteten weib-lichen Ausprägung als Kuan-Yin beziehungswei-se Kannon mit einem Wassergefäß in der Hand dar. In der anderen hält sie einen Weidenzweig, den sie in das Wasser taucht, um die Erde mit ihrem Mitgefühl zu besprengen. Sie nimmt dafür keinen Feuerwehrschlauch, den braucht sie gar nicht. Schon wenige Tropfen ihres Mitgefühls lö-schen die Flammen von Ärger und Hass. Wenn Ihnen diese Metapher zusagt und hilft, können Sie in jedem Chinaladen eine Kuan-Yin-Statue erwerben. Geben Sie ihr einen Ehrenplatz bei sich zu Hause, um sich von ihr immer wieder an die Kraft des Mitgefühls erinnern zu lassen.

Sorgen – reine Gewohnheitssache

Sorgen kommen vor. Einfach so. Wenn wir aller-dings bei ihnen verweilen, sie pflegen und jede Nacht erneut durchspielen, werden sie zur Ge-wohnheit. Wie Unkraut, das wir düngen und gie-ßen, werden sie immer stärker, breiten sich aus und übernehmen schließlich die Herrschaft in unserem inneren Garten. Beim Sorgen-Pingpong erzielen wir Höchstleistungen. Immer wenn wir uns den Sorgen ergeben, statt uns wie gerade beschrieben von ihnen zu lösen, werden sie ein wenig mehr zur Gewohnheit und sind dann noch schwerer zu durchbrechen.

In der Achtsamkeitspraxis werden wir zunächst spontaner und automatischer Vorgänge wie des Atems und des Gehens gewahr. Nach einigem Üben richtet sich diese Aufmerksamkeit dann auch auf die Gefühle, die unversehens in uns aufsteigen. Sie werden uns früher bewusst, und in dieser Bewusstheit haben wir die Wahl. Wir schrecken nicht erst hoch, wenn wir schon mitten im Pingpongspiel sind und nicht mehr aussteigen können. Und wir nähren unsere Sorgen nicht auch noch durch sorgenvolle Gedanken. Das wird Ihnen leichter fallen, wenn Sie die Übungen wie angegeben machen.

Vertrauen aufbauen

Bedenken Sie, dass wir von Tag zu Tag weiterleben, weil andere auf uns achtgeben. Sie überqueren die Straße, und jemand hat Sie dabei im Auge. Sie biegen links ab, und jemand hält freundlich an und lässt Sie vor.

Eine gute Übung besteht darin, sich abends noch einmal alle Ereignisse des Tages vor Augen zu führen, bei denen es wichtig, ja vielleicht sogar überlebenswichtig war, dass andere auf Sie geachtet haben. Vergegenwärtigen Sie sich diese Situationen noch einmal und senden Sie den Beteiligten innerlich Dank und Anerkennung.

Danach können Sie auch an all die Situationen denken, die vielleicht nicht lebensgefährlich waren, in denen es aber doch darauf angekommen ist, dass andere Ihnen mit Freundlichkeit und Umsicht den Weg geebnet haben. Bedanken Sie sich gedanklich bei den Angestellten im Supermarkt, die dafür sorgen, dass frisches Obst und Gemüse für Sie bereitliegt. Oder bei den Bediensteten der Stadtwerke, an denen es liegt, dass immer Wasser aus der Leitung und Strom aus der Steckdose kommen.

Arbeiten nicht alle zusammen, damit wir leben können und es uns gut geht?

Kleine Kinder schlafen leichter ein, wenn ihre Eltern in der Nähe sind. Und auch als Erwachsene können wir uns dem Schlaf besser überlassen, wenn wir im Arm eines Menschen liegen, der sich um uns kümmert und dem wir vertrauen. Zwar sind wir nicht mehr auf die Eltern angewiesen, Vertrauen aber brauchen wir ein Leben lang.

Auch mangelndes Vertrauen
lächelnd annehmen

Ein Gefühl zur Kenntnis nehmen und es einfach akzeptieren, das ist der Weg der Achtsamkeit. Vielleicht erkennen wir irgendwann, woher es kommt, doch einstweilen nehmen wir es einfach nur an. Und wissen, dass wir mehr sind als diese momentane Gefühlsregung. Sie muss unser Leben nicht beherrschen, muss nicht unser gesamtes Innenleben in Beschlag nehmen.

Wie zum Beispiel fühlt sich mangelndes Vertrauen an?

»Einatmen, ausatmen. Ich empfinde einen Mangel an Vertrauen.
Ich lächle meinem Mangel an Vertrauen zu und freue mich weiter an meinem Atem.«

Worauf es ankommt, ist die Einstellung zu solchen Gefühlen. Sie entstehen und vergehen, bilden aber nicht unbedingt die Realität ab. Sowohl Vertrauen als auch der Mangel daran entwickeln eine Eigendynamik und sind wie Prophezeiungen, die sich selbst erfüllen.

Üben Sie mit dem kleinen Meditationsthema »Einatmen, ausatmen. Ich empfinde einen Mangel an Vertrauen ...«, und vielleicht legt sich dadurch Ihr flaues Gefühl im Magen schon. Anderenfalls versuchen Sie es morgen wieder. Machen Sie auch die Übungen am Ende des Buchs. Als wir laufen lernten, sind wie viele Male hingefallen. Hätten wir damals gleich aufgegeben, würden wir heute noch auf allen vieren krabbeln.

»Ich habe mein Bestes getan«

Zur Schlafenszeit ist das ein gutes Meditationsthema. Mit dieser Affirmation kann ein Gefühl von Zufriedenheit einkehren. Unser Bestes zu geben ist ja auch ein realistisches Ziel. Es nimmt uns die Last ab, die Welt irgendwie steuern zu müssen.

Was aus unserem Handeln resultiert, haben wir nur zum Teil in der Hand. Viele andere Faktoren, die wir nicht einmal alle kennen, spielen dabei eine Rolle. Der Arzt mag sich die größte Mühe geben, einem Patienten das Leben zu retten, trotzdem können »unbekannte Ursachen« zu seinem Tod führen. Über diese gebietet niemand in Gänze, auch nicht der Arzt. Der hat nur das eigene Handeln unter Kontrolle. Wir tun unser Bestes – mehr geht nicht.

Vertrauen und Kreativität

Zen-Geist, Anfänger-Geist, das berühmte Buch des aus Japan stammenden Zen-Meisters Shunryu Suzuki, ist im Grunde eine Sammlung von Stegreif-Vorträgen. Das gilt auch für *Die Kunst des glücklichen Lebens* von Thich Nhat Hanh. Beide vertrauten darauf, dass sich die richtigen Worte schon einfinden würden, sobald sie zu sprechen begannen. Dieses Vertrauen auf den Fluss der Inspiration ist es, was einen mitreißenden Vortrag, eine überzeugende Darbietung oder ein wirklich gelungenes Gespräch ausmacht. Nachts nimmt es die Gestalt der Zuversicht an, dass am nächsten Tag alles gut laufen wird und wir mithilfe der Achtsamkeit jede Situation einigermaßen meistern. Dann können wir mit einem Lächeln loslassen und »willig in diese gute Nacht« gehen.

Zum Beispiel Dylan Thomas

Geh nicht willig in diese gute Nacht.
Wüte, wüte gegen das Sterben des Lichts.

Wenn ich diese Zeilen des berühmten walisischen Dichters früher gelesen habe, kam es mir immer so vor, als erzählten sie auch von seinen Schlaf-störungen. Denn es schwingt darin etwas von Nicht-loslassen-Können und mangelnder Fried-fertigkeit mit.

Wie sich herausstellte, lag ich mit dieser Ein-schätzung richtig. Zwar ist der Tod das eigentli-che Thema dieses Gedichts, doch es klingt darin auch Thomas' höchst problematische Beziehung zum Schlaf an. Denn nicht einmal wenn er ins Bett ging, war es ihm vergönnt, seine Probleme hinter sich zu lassen. Sein ganzes Leben lang litt er unter Schlaflosigkeit. Schon als Junge, so be-richtet Thomas' Biograf Paul Ferris, schrieb er ein Gedicht über einen von Schlaflosigkeit ge-plagten Jüngling. Er selbst lag als junger Mann oft stundenlang wach im Bett.

In späteren Jahren hatte er immer ein Fläsch-chen mit Schlaftabletten zur Hand. Seiner Frau schrieb er einmal: »Ich kann immer erst im Mor-gengrauen einschlafen.« Und gegen Ende seines Lebens klagte er dann, er sei zu müde zum Schla-fen. Vielleicht war es neben seinem Alkoholismus auch die Schlaflosigkeit, die ihn mit neunund-dreißig Jahren völlig entkräftet zusammenbre-chen und sterben ließ.

4

Nicht nur Leid

Der Buddha lehrte die vier edlen Wahrheiten: die Wahrheit vom Leiden, die Wahrheit vom Ursprung des Leidens, die Wahrheit von seiner Beendigung und die Wahrheit vom Weg zu seiner Beendigung – oder kürzer: die Wahrheit vom Leiden und von seiner Verwandlung, wie es Thich Nhat Hanh formuliert. In dieser Verwandlung aller Leiden liegt der Grund für das Lächeln, mit dem der Buddha vielfach dargestellt wird. Es ist das Lächeln eines Menschen, der den Ausweg aus allem Leid gefunden hat.

Am Beginn der Lehre von den vier edlen Wahrheiten steht die nüchterne, distanzierte Analyse unserer Leiden, die auch aufzeigt, inwiefern wir sie selbst herbeigeführt haben – die erste und die zweite Wahrheit. Doch dabei bleibt es nicht, vielmehr geht es jetzt darum, wie wir aufhören können, uns selbst Leid zuzufügen. Wir müssen die inneren Verhärtungen und geistigen Gewohnheiten auflösen, mit denen wir Stress und Unglück auf uns ziehen – die dritte Wahrheit. Die vierte edle Wahrheit schließlich, die Wahrheit vom Ausweg, wird traditionell als der edle achtfache Pfad bezeichnet. Der buddhistische Lehrer Bhante Henepola Gunaratana verrät schon im Titel seines Buchs, worum es geht: *Acht Schritte zum Glück: mit Achtsamkeit auf dem Pfad des Buddha*. Thich Nhat Hanh spricht manchmal vom »Pfad des Wohlbefindens«, dessen acht Stufen beziehungsweise Schritte eine Lebensweise und ein Denken vorgeben, die zum Glück führen. Natürlich gehören dazu auch Konzentration und Achtsamkeit. Konzentration und Achtsamkeit sind Verbündete. Sie ermöglichen es uns, alle inneren Verknotungen genau zu betrachten und sie dann allmählich zu lösen.

Leid erfahren wir immer wieder. Die Erinnerung an traumatische Augenblicke holt uns ein, und auch das Leben selbst stellt uns gelegentlich ein Bein. Trennung, Alter und Krankheit gehören zum Leben dazu, sind aber mitunter sehr belastend. Doch wann immer wir angespannt, gestresst oder voller Sorgen sind, können uns die vier edlen Wahrheiten mit jedem Atemzug helfend begleiten.

In einem seiner Dharma-Vorträge sprach Thich Nhat Hanh von einem Buch des Dalai Lama, das den Titel *Die Regeln des Glücks* trägt. Lächelnd fügte er hinzu, dass er eines Tages gern ein Buch mit dem Titel »Die Regeln des Leidens« schreiben würde. Worauf er damit anspielen wollte, ist, glaube ich, dass wir die Wahl haben, ob wir uns in unsere Leiden verbeißen oder etwas aus ihnen lernen möchten, um sie dann hinter uns zu lassen. »Gekonntes« Leiden bestünde dann in der Fähigkeit, über unsere Leiden hinauszuwachsen und Glück zu finden. Aus dieser Perspektive unterscheidet sich die Kunst des Leidens gar nicht so sehr von der des Glücklichseins. Denn die vier edlen Wahrheiten bedingen einander gegenseitig.

Im Motto der Achtsamkeit, »Im Hier und Jetzt sein«, liegt tiefe Weisheit. Wenn ein altes Trauma Ihnen zusetzt und Sie wach hält, bedeutet im »Hier und Jetzt« zu sein, dass Sie sich die Sache genau ansehen, dabei aber fest im gegenwärtigen Augenblick verankert bleiben. Sie betrachten es also vom Standpunkt des Menschen aus, der Sie jetzt sind. Wenn Sie in die Vergangenheit zurückgehen, tauchen Sie auch wieder in die alten Gefühle ein. Bleiben Sie also in der Gegenwart, und holen Sie auch das, was Sie belastet, in die Gegenwart. Betrachten Sie es so liebevoll und mitfühlend, wie Sie inzwischen geworden sind:

mit Verständnis für alle Beteiligten und Liebe zu sich selbst. Versetzen Sie sich nicht mit einer Art innerer Zeitmaschine in die Vergangenheit, das würde Sie nur erneut in die alte Situation mit den damaligen Gefühlen stürzen. Und dann leiden Sie wieder, obgleich die Sache selbst doch längst vorüber ist. Begeben Sie sich also nicht in die Hölle Ihrer Fantasie. Bleiben Sie hier. Wenn Sie als Kind gelitten haben, vermeiden Sie es, wieder zu diesem leidenden kleinen Kind zu werden. Betrachten Sie das Ganze aus Ihrem heutigen Blickwinkel. So heilen Sie sich.

Rechtes Bemühen

Für den Abbau von geistigen Gewohnheiten, die unserem Glück im Wege stehen, spielt dieser Schritt des edlen achtfachen Pfades eine besondere Rolle. Im Grunde stellt er ein ganzes vierteiliges Programm dar. Traditionell wird zuerst der negative Aspekt der Dinge betrachtet, aber ich möchte die Reihenfolge hier umkehren und die Dinge auch in leicht abgewandelter Form darstellen:

1. Wenn Sie gerade keine positiven Gedanken im Kopf haben, suchen Sie nach etwas, was

Sie aufrichtet. Dankbarkeit ist dafür ein guter Ausgangspunkt. Wenn Sie an einen bestimmten Menschen denken, stellen Sie sich vor, Sie hätten die Aufgabe, fünf gute Züge an ihm zu finden. Wenn Sie Ihren Tag Revue passieren lassen, konzentrieren Sie sich auf alles Erfreuliche, was er mit sich gebracht hat. Denn meistens schließen sich unsere Gefühle und die ganze Stimmungslage unserem Denken an.

2. Sollten Ihre Gedanken und Gefühle zum Teil bereits positiv sein, halten Sie möglichst lange daran fest. Nehmen wir an, Sie denken etwas Gutes über jemanden aus Ihrer Familie: Bleiben Sie einfach dabei, machen Sie weiter so.

3. Regt sich ein unguter Gedanke, nehmen Sie ihn bewusst zur Kenntnis. Dann sagen Sie sich: »Nein, jetzt nicht«, und kehren zu positiven Gedanken zurück.

4. Sollte sich solch ein unguter Gedanke bereits festgesetzt haben, akzeptieren Sie ihn, wie er gerade ist. Nehmen Sie ihn zum Anlass, genauer nachzuschauen, woher er kam und wodurch er ausgelöst wurde. Ein derartiges Verständnis heilt und bringt neuen Frieden. Negative Gedanken sind einfach Gedanken. Sie zeigen, was wir uns über eine Situation oder einen Menschen zurechtgelegt haben. Und diese Sichtweise lässt sich zum Positiven

verändern, wenn wir mehr Verständnis und Mitgefühl in unseren Blick legen.

Es ist ein bisschen wie bei der Senderwahl am Radio. Solange uns die Musik gefällt, hören wir weiter zu; wenn aber etwas gespielt wird, was uns nicht zusagt, stellen wir ein anderes Programm ein. In dieser Hinsicht ist unser Geist wie ein Radiosender. Manchmal wiederholt er ständig Dinge, die uns alles andere als förderlich sind, oder gibt leeres Geplapper von sich, das im Grunde nicht das Geringste aussagt. Aber etwas Besseres ist nur einen Atemzug entfernt. Wir liegen beispielsweise im Bett und denken über die Ereignisse des Tages nach. Dann wird uns auf einmal bewusst, dass wir es in der Haltung des »halb leeren Glases« tun, die Dinge also eher von ihrer negativen Seite her betrachten. Wenn wir dabei bleiben und uns mit den daraus resultierenden Gedanken identifizieren, machen wir uns nicht nur für den Moment unglücklich, sondern sorgen zugleich dafür, dass es auch in Zukunft nicht besser wird. Doch dadurch, dass wir jetzt einen anderen Sender einstellen, bereiten wir den Boden dafür, generell in eine positivere Grundverfassung zu gelangen. Schließlich ist das »halb volle Glas« dann nie mehr weit weg, und wir brauchen es nicht jedes Mal erst zu suchen. Das halb volle Glas ist genau dasselbe wie das halb leere; es unterscheidet sich nur durch unsere Betrachtungsweise.

Gehen Sie alle Tage so vor, und mit der Zeit werden sich die trüben, deprimierenden Gedanken verändern. Und da sie Streitigkeiten in der Familie und am Arbeitsplatz zur Folge hatten, wird sich auch hier einiges zum Besseren wenden. Wer in diesem Sinne rechtes Bemühen übt, heilt schwierige Beziehungen – und Schlafstörungen – von den Wurzeln her.

Der Garten des Geistes

Dass die Vögel der Traurigkeit über deinem Kopf kreisen, kannst du nicht verhindern; aber du kannst sie davon abhalten, sich in deinem Haar niederzulassen.

Schwedisches Sprichwort

Hier noch eine andere Möglichkeit, das rechte Bemühen zu üben. Stellen Sie sich vor, Sie seien ein Gärtner. Der Garten, den Sie zu pflegen haben, ist Ihr Geist. Handelt es sich dabei um ein kahles Stück Boden, oder ist er von Unkraut und Dornengestrüpp überwuchert? Richten Sie zunächst irgendwo eine kleine Ecke her, die Sie mit Blumen der Freude und des Friedens bepflanzen. Bauen Sie Blumen der Dankbarkeit an. Dieses angenehme Eckchen können Sie dann immer wieder aufsuchen, um sich an der Pflanzenpracht dort zu erfreuen und sie zu pflegen. Im Laufe der Zeit wird sie sich ausbreiten und immer größere Teile Ihres Gartens in einen Ort verwandeln, an dem Sie sich gern aufhalten.

Bedenken Sie nur, dass ein Garten nicht an einem einzigen Tag angelegt werden kann und dass er im Grunde nie fertig wird.

Ein sanftes Ruhekissen

Ein reines Gewissen ist eine Kostbarkeit. Manchen ist das sehr bewusst, und sie geben sich alle Mühe, nicht gegen ihr Gewissen zu handeln. Sie lassen sich nicht von der Gier nach Macht, Geld und Sex beherrschen. Da sind sie gut beraten, denn in der Nacht, wenn sie wie alle Menschen mit ihrem Gewissen allein sind, haben sie zumindest einen Störenfried weniger, der ihnen den Schlaf rauben könnte.

Anderen, zum Beispiel Macbeth und seiner Frau, geht der Wert eines ethisch vertretbaren

Handelns, das das Gewissen nicht belastet, erst auf, wenn es zu spät ist. Wie wir ja vieles oft erst zu schätzen wissen, sobald wir es verloren haben. Und vor Räubern kann man weglaufen, nicht aber vor sich selbst.

Unlängst wurde ich in Peru von einem Taxifahrer gefragt, woher ich komme. Das werden natürlich alle Gringos gefragt, aber ich stelle dann auch gern die Gegenfrage und erkundige mich meinerseits nach der Herkunft des Betreffenden. Wir waren in Lima, und wie sich herausstellte, kam er aus Cuzco. »Quechua«, sagte er. Dann fügte er hinzu: »Nicht stehlen, nicht lügen, nicht betrügen, das ist unsere Moral.«

Genauso wirkte er auch, wie ein Mensch, der mit sich in Frieden war. Mich beeindruckte er sehr: Sein Ethos war ihm innerlich gegenwärtig, und er machte keinen Hehl daraus, es stand für ihn nicht nur auf dem Papier. Unsere Moral spiegelt sich in allem, was wir tun. Und sein ganzes Handeln war von seinem Ethos geprägt, ob er nun den Preis für eine Fahrt aushandelte (peruanische Taxis haben kein Taxameter), Kunden akquirierte oder abends seine Buchhaltung machte. Dieser einfache Mann war vollkommen mit sich im Reinen, und das vermittelte sich auch mir. Seine Moral, dachte ich, macht ihm das Leben leichter, und nachts sicherlich nicht weniger als am Tag.

5

Bewusstsein und Schlaf

Der Schlaf ist Sache des Unbewussten. Unser Bewusstsein schafft nur die Voraussetzungen. Es sorgt für die äußeren Umstände, den abendlichen Gang ins Bad, das Anlegen der Nachtwäsche, das Löschen des Lichts, hat aber keine Ahnung, wie man einschläft. Die Achtsamkeitsmeditation ermöglicht es uns, auch diesen Schritt noch zu gehen. Denn mit ihrer Hilfe können wir die nötigen *inneren* Umstände herstellen: den Geist auf den Schlaf einstimmen.

Fällt Ihnen auf, dass es eigentlich um zwei »Ichs« geht, wenn wir sagen: »Ich kann nicht einschlafen«? Das eine Ich möchte einschlafen, ist dazu aber nicht in der Lage; das andere wüsste zwar, wie es geht, kann aber ebenfalls nicht, weil die Umstände nicht stimmen oder das Bewusstsein dazwischenkommt, wenn auch in bester Absicht. Solange der Wagen ohne Mucken läuft, blicken wir nicht unter die Motorhaube. Das tun wir erst, wenn etwas nicht reibungslos funktioniert. Unsere Beschäftigung mit dem Zusammenwirken der beiden Ichs ähnelt ein bisschen diesem Blick unter die Motorhaube.

Über das Zusammenwirken der rechten und der linken Hand brauchen wir keine Theorien oder Bücher. Und wer mit sich in Frieden ist, bei dem wirken Bewusstes und Unbewusstes zusammen wie die Hände beim Kochen oder Essen. Das Bewusstsein macht das Licht aus, und das Unbewusste schläft ein – beide tun genau das, wofür sie zuständig sind, und zwar zur richtigen Zeit. Es geschieht einfach. Wo aber kein Frieden herrscht, geht gar nichts, wie schon ein flüchtiger Blick auf die Konfliktzonen der Welt verrät. Die eine Seite hört der anderen nicht zu, keiner akzeptiert den anderen, sie behandeln einander schlecht, und Kooperationsbereitschaft sucht man vergebens. Ganz ähnlich geht es in einem Menschen zu, der innerlich zerrissen ist.

Frieden

Was Frieden eigentlich bedeutet, habe ich erst bei Thich Nhat Hanh erfahren. Er hat diesen Begriff in seiner ganzen Bedeutungsvielfalt aufgeschlüsselt – in der Politik, in Beziehungen und vor allem in dem Ausdruck »innerer Frieden«. Manche seiner Aussagen dazu hängen bei mir zu Hause an der Wand. In unnachahmlich schöner Schrift steht da etwa: »Frieden ist jeder Atemzug«, »Frieden im eigenen Ich, Frieden in der Welt«, »Frieden ist jeder Schritt«.

Auch eines seiner Gedichte trägt den Titel »Frieden ist jeder Schritt«. Ich habe es vertont und werde nicht müde, es für mich allein oder in Gruppen anzustimmen: »Frieden ist jeder Schritt. Er verwandelt den endlosen Weg in Freude.«

Frieden stellt sich ein, sobald die verschiedenen Anteile unserer Persönlichkeit im Einklang sind. Wenn wir innerlich uneins sind über das, was wir tun, wird alles doppelt so anstrengend und unangenehm – wie mit einem Steinchen im Schuh. Sind wir dagegen mit uns in Frieden, gehen wir auch den längsten Weg mit Freuden.

Das scheint der aus Persien stammende Sufi-Dichter Rumi zu meinen, wenn er sagt:

Wenn wir nicht im Herzen vereint sind,
ist dann nicht alles müßig?
Auch farbenprächtige Kleidung macht
dich nicht froh,
wenn Körper und Seele nicht tanzen.

Ich und ich im Zusammenspiel

Es war schon ein abenteuerlicher Weg, diese
beiden in mir wohnenden Ichs zu erkennen und
ihre Stimmen dann zu harmonisieren. Ich habe
erst vor Kurzem gelernt, Gitarre zu spielen, und
dabei konnte ich das sehr gut beobachten. Mein
bewusstes Denken war oft der Projektleiter und
sagte beispielsweise: »So, jetzt musst du diesen
Griff lernen und jenen Anschlag üben.« Meine
Hände und die beiden Gehirnhälften folgten der
Anweisung, wieder und wieder, bis die Dinge
automatisch wurden, das heißt, bis sie mir ins
Unbewusste übergegangen waren. Dann konnte
mein Bewusstsein eine neue Aufgabe stellen.

Das Bewusstsein spielte dabei die Rolle des
reiferen Partners. Das Unbewusste hatte dagegen
etwas Kindliches und war leicht zu entmutigen:
»Puh, das geht doch gar nicht, es fühlt sich völlig
unmöglich an, und jetzt tun mir auch schon die

Finger weh.« Dann zeigte sich das Bewusstsein in der Rolle des wissenden und verständnisvollen Erwachsenen: »Ja, ich glaube, du hast für heute genug geübt. Mach Pause und versuch es morgen wieder. Es geht jedes Mal ein bisschen besser, wirst schon sehen.«

Alles, was einen Konflikt heraufbeschwören könnte, lag vor, aber es war eben auch alles da, was Frieden schafft: zwei Seiten, die einander zuhören, sich respektieren und aufeinander einstellen. Wäre die unbewusste kindliche Seite unangefochten Herr im Ring gewesen, hätte das Bewusstsein nur kapitulieren können; mit der Folge, dass mein Versuch, Gitarre spielen zu lernen, im Sand verlaufen wäre. Wenn andererseits der Übungsleiter einfach nur mehr Leistung gefordert hätte, ohne auf das Unbewusste einzugehen, wäre es mit der Freude am Spiel bald vorbei gewesen oder es hätte schlimmstenfalls sogar zu Überlastungserscheinungen kommen können. Dass sich Leute ohne jedes Augenmaß selbst antreiben und sich dadurch Beschwerden wie das Karpaltunnelsyndrom oder einen Tennisarm einhandeln, ist keine Seltenheit. Doch gibt es auch gesundheitliche Probleme, die auf allzu intensive Bemühungen zurückgehen, in den Schlaf zu finden? Aber sicher. Zum Beispiel mit dem »Schlummertrunk«, mit Schmerzmitteln und anderen Sucht erzeugenden Substanzen – denken wir nur an Michael Jacksons tragischen Tod.

»Macht euch nicht selbst zum Schlachtfeld«, mahnt Thich Nhat Hanh immer wieder. Und es gibt tatsächlich Menschen, die mit sich hadern, nur weil sie unter Schlafstörungen leiden. Zu einer erholsameren Nachtruhe verhilft ihnen das aber sicher nicht. Der Weg der Achtsamkeit ist ein Weg der Milde. Mit jedem Atemzug kehren wir heim zu uns selbst. Ist ein Schmerz in uns, hören wir uns an, was er zu sagen hat, nehmen ihn zur Kenntnis und umfangen ihn, wie eine Mutter ihr Kind im Arm hält. In diesem Mitgefühl mit uns selbst sind wir getröstet.

6

Achtsamkeit in der Praxis

Vom Kamel zum Vogel

Die folgenden Rumi-Zitate zeigen den Unterschied zweier Formen des Denkens auf. Im ersten begegnen wir dem Denker als dem Sklaven seiner Gedanken, deren Gültigkeit er nicht hinterfragt und die ihn beherrschen.

> Dein Denken ist wie ein Kameltreiber,
> und wenn du selbst das Kamel bist,
> treibt es dich mit eiserner Faust hierhin
> und dahin.

Das zweite Zitat spricht von Augenmaß und Entscheidungsfreiheit. Der Denkende selbst gibt die Richtung vor, statt von seinen Gedanken beherrscht zu werden.

Mitunter widme ich mich bewusst
dem Denken,
doch kann ich wählen,
ihm nicht wie manche ausgeliefert zu sein.

Das ermöglicht auch die Achtsamkeit. Denken wird nicht abgelehnt, das hieße, das Kind mit dem Bade auszuschütten. Vielmehr sieht der Denkende in seinen Gedanken genau das, was sie sind: nur Gedanken. Das verschafft ihm ein wenig Abstand, und aus dieser Distanz kann er beurteilen, ob es sich um angemessene Gedanken handelt. Sind sie emotional oder objektiv, nachtragend oder liebevoll? Dann ist man in der Lage abzuschätzen, was wohl die Folge ist, wenn man den Gedanken nachgibt, Glück oder Unglück.

Gedanken können wie ein gewaltiger Ballon über unserem Kopf schweben. Doch der Nadelstich der Achtsamkeit kann auch den größten Ballon platzen lassen, und dann sehen wir, um was es sich wirklich handelt: um nichts als ein Stückchen Kunststoff. Oder in der Bildersprache Rumis ausgedrückt: Der Kameltreiber verwandelt sich in ein kleines Insekt, und aus dem Kamel wird ein Vogel:

Ich bin ein Vogel hoch oben in den Lüften
und das Denken ist eine Mücke –
wie könnte eine Mücke über mich
bestimmen?

Diese Sicht der Dinge ist von unschätzbarem Wert. Gedanken können uns in den Selbstmord treiben oder zu wunderschönen Gedichten inspirieren, sie können uns Kriege anzetteln lassen oder Friedfertigkeit vermitteln. Ihnen aber einfach nachzugehen, ohne jede Achtsamkeit, ist ein bisschen wie russisches Roulette.

Achtsamkeit und Schlaf

Matthew Syed, Autor des Buchs *Was heißt schon Talent?*, beschreibt in einem Artikel, wie wir uns unter Stress verhalten: »Wir nutzen dann nicht die unbewussten Funktionsanteile unseres Gehirns, die bei vertrauten Anforderungen (wie dem Sprechen, dem Gehen oder dem Reproduzieren einer mathematischen Formel in einer Prüfung) die besten Ergebnisse liefern, sondern versuchen es mit dem Bewusstsein – und schon geht alles daneben.« Dann fehlen uns nämlich die Worte, wir erstarren, müssen schlucken und bringen nichts zustande.

Unsere »Schlafkompetenz« liegt ebenfalls im Unbewussten. Wir mögen noch so gebildet und geschickt sein, wenn wir unter Stress stehen, haben wir einfach keinen Zugriff mehr auf unsere Ressourcen. Babys kennen dieses Problem nicht. Der gestresste Erwachsene aber wünscht sich den Schlaf so dringend, dass er ihn gerade mit diesem Wunsch unterbindet. Er strengt sein Bewusstsein an, um den Schlaf irgendwie herbeizuführen, und kommt gar nicht auf die Idee, nachzugeben und sich einfach dem Unbewussten zu überlassen.

Irgendetwas an diesem Zustand, den wir Stress nennen, lässt uns versuchen, die Dinge zu kontrollieren. Die Achtsamkeit nun macht uns sowohl darauf als auch auf den Stress selbst und unsere Wünsche aufmerksam. Und deshalb verhilft sie uns zu Frieden und Freiheit. Eine solche innere Verfassung führt uns vor Augen, dass alle Kontrollbemühungen nichts fruchten, und das weckt unsere Bereitschaft, auf sie zu verzichten. Unter Stress jedoch ist dieses Loslassen das Letzte, was uns in den Sinn käme; in solchen Momenten scheint etwas ganz anderes gefragt. Die Kraft der Achtsamkeit kann dies überwinden, und dann wird Schlaf möglich.

Achtsamkeit ist ein Verb

Da Achtsamkeit praktiziert werden muss, handelt es sich für mich bei diesem Begriff im Grunde um ein als Substantiv verkleidetes Verb. Achtsamkeit ist kein Zustand, den man erreicht und dann »hat«. Sie muss vielmehr mit jedem Atemzug geübt werden. Gleichgewicht ist ja auch nichts, was wir ein für alle Mal haben, zum Beispiel beim Gehen. Wir müssen es vielmehr bei jedem Schritt durch subtile und größtenteils unbewusste Ausgleichsbewegungen immer wieder neu herstellen. Unser Denken ist so ähnlich wie die Schwerkraft, es droht uns ständig aus dem Gleichgewicht zu bringen. Doch in der Achtsamkeit kehren wir wieder und wieder ins Hier und Jetzt zurück und können so die Balance zwischen Denken und Fühlen halten.

> Achtsamkeit versetzt uns in die Lage, diesem und jedem weiteren Augenblick unseres Lebens mit Einsicht und Inspiration zu begegnen.

Die »Grundeinstellung« unseres Denkens ist der Überlebensmodus. Wenn der aktiv ist, verengt sich das Gesichtsfeld und uns entgeht das Gesamtbild. Da kann es dann sein, dass Eltern und Kinder aufeinanderprallen oder zwischen Ehepartnern beziehungsweise Arbeitskollegen gar nichts mehr geht. George W. Bush hat das einmal auf den schlichten Nenner »Du bist entweder für uns oder gegen uns« gebracht. In der Natur aber sorgt jedes Lebewesen für sich selbst und fügt sich dabei nahtlos in das Ganze ein. In allem »Gegeneinander« herrscht Einklang. Das ist das Gesamtbild: Ganzheit und die Abhängigkeit aller von allen.

Ungeduld

Geist und Körper haben eine unterschiedliche Gangart. Der Geist ist schnell: Sie brauchen zum Beispiel nur an das Einkaufszentrum zu denken, schon sind Sie innerlich da.

Der viel langsamere Körper aber befindet sich dann immer noch hier.

Körper und Geist werden durch unsere Ungeduld getrennt, immer wieder, ob wir irgendwo in der Schlange stehen oder warten, bis unser Kind sich endlich angezogen hat und wir das Haus verlassen können. Um mit alten Gewohnheiten zu brechen, brauchen wir einen Plan, und an den müssen wir uns dann eine gewisse Zeit lang halten. Es ist ein bisschen wie in der Reha.

Das Ziel und der Weg

No Destination, »Kein Reiseziel«, lautet der Titel von Satish Kumars Buch über die »Friedenspilgerschaft«, die er in den Sechzigerjahren zusammen mit einem Freund unternahm. Von Indien aus wanderten die beiden ohne einen Pfennig Geld durch Schnee und Sturm über hohe Gebirgspässe und durch Wüsten zu den Zentren der nuklearen Macht in Moskau, Paris, London und schließlich Washington, D.C., um eine Friedensbotschaft zu überbringen. Sie hatten also eine ganz bestimmte Absicht, und Kumar wusste genau, welche Reiseziele er ansteuerte. Das Buch begeisterte mich, nur der Titel war mir nicht ganz klar.

Einen ersten Hinweis bekam ich in Plum Village, als Thich Nhat Hanh die Meditation im Gehen erklärte (ich zitiere hier aus dem Gedächtnis): »Ihr geht dort drüben hin, um euch die Blume anzusehen. Das ist euer Ziel. Aber ihr opfert die Mittel nicht dem Zweck. Jeder Augenblick eures Lebens ist kostbar. Das Gehen ist genauso kostbar wie der Moment, in dem ihr bei der Blume ankommt. Kostet jeden Augenblick aus. Kommt mit jedem Schritt im Hier und Jetzt an.«

Tatsächlich, wenn es nur um den Zielort ginge, gäbe es sicherlich einfachere Möglichkeiten, um von Indien aus in die Vereinigten Staaten zu kommen. Aber das Leben ist eine Reise, bei der die Ziele zweitrangig sind. Entweder wir finden Freude an jedem Schritt des Weges oder er entgeht uns.

Bei einer anderen Gelegenheit schickte Thich Nhat Hanh einer Meditation im Gehen die Bemerkung voraus: »Es ist, als hättet ihr einen Armvoll kostbarer Edelsteine und würdet sie vor euch hinstreuen.« Ich verstand seine Worte und die ausladende Armbewegung dazu nicht gleich. Aber wahrhaftig, so ist es. Jeder Augenblick ist eine Kostbarkeit. Und wenn wir nur unsere Ziele im Auge haben, entgeht uns die Schönheit ringsum, die Schönheit des Lebens.

Um die Methoden der Achtsamkeitsmeditation zu erlernen, müssen wir langsamer werden, damit wir genügend Zeit haben, alte Gewohnheiten abzubauen. Achtsam leben heißt jeden Augenblick auszukosten. Dazu ist es aber erforderlich, dass wir unser Denken zügeln, das am liebsten immer sofort in die Zukunft springen würde. Diese Muster, die uns ständig vorgreifen lassen und auch die Sorgen mit sich bringen, machen uns ungeduldig. Den gegenwärtigen Augenblick froh genießen können wir aber nur, wenn unser Denken langsamer wird. Wir müssen ihm einfach beibringen, auch mal hintanzustehen.

Identifizieren Sie sich nicht mit Ihrer Ungeduld. Ungeduld ist nicht die Lösung, sondern ein Großteil des Problems. Sehen Sie die Achtsamkeitsmeditation also auch nicht als Patentlösung an, die sofort sichtbare Ergebnisse zeitigt wie das Fettabsaugen. Ebenso wenig ist sie eine Droge, die Sie blitzschnell in den Tiefschlaf versetzt. Vielen Menschen fällt es schwer, das zu akzeptieren. Sie haben vielleicht schon jahrelang alles Mögliche ausprobiert, ohne dass dabei etwas herausgekommen wäre – bei der Achtsamkeitsmeditation aber wollen sie nun auf der Stelle Resultate sehen.

Es ist wichtig, dass Sie Ihre Erwartungen zurückschrauben und nicht an die Ergebnisse denken, sondern zunächst einfach eine Weile den Weg gehen und daran Genüge finden. Freuen Sie sich an dieser Reise, statt ständig an die Ziele zu denken. Lassen Sie sich wirklich auf die Meditation ein. Genießen Sie den Frieden und die Entspannung, die sie bietet. Erleuchtung ist nur hier und jetzt zu haben. Bleiben Sie im Augenblick, kosten Sie ihn aus. So widersinnig es klingen mag: Erst dann kann es zu den Resultaten kommen, auf die Sie aus sind.

7

Aktive Meditation

Weshalb wir das Meditieren brauchen

Wir brauchen etwas Abstand zwischen dem aktiven Tag und der Nachtruhe.

Die Momente, die wir der Meditation einräumen, sind eine solche Zeit. Eine Zeit, in der wir mit uns allein sind, eine heilsame Zeit.

Wenn wir sie uns nicht frei halten, bleiben uns für den ruhigen, unabgelenkten Blick nach innen nur die Augenblicke vor dem Einschlafen. Ruhe, keine Ablenkung, den Blick nach innen wenden, das sind auch die drei Eckpfeiler der Meditation. Wenn wir uns dafür keine Zeit nehmen, muss die Schlafenszeit auch für Betrachtungen herhalten. Doch fehlt dann alles, was die Meditation so heilsam macht, und unsere Betrachtungen werden schnell zur Grübelei, die Sorgen und Gedanken des Bedauerns heraufbeschwört und uns nicht schlafen lässt. Beim Meditieren nehmen wir zuerst Verbindung mit unserem Atem auf und finden dadurch zu innerer Ruhe. So können wir die Dinge dann in ihrem größeren Zusammenhang sehen. Das ist praktizierte Freiheit – ein Ansatz, der sich auch in den geführten Meditationen des zweiten Teils dieses Buchs widerspiegelt.

Tagsüber lenkt uns vieles von den großen Dingen unseres Lebens ab, doch wenn schließlich am Abend das Licht gelöscht wird, entfallen diese Ablenkungen und wir sind mit unseren Problemen allein. Das ist im Grunde nicht einmal schlecht, schließlich können wir nicht über Beziehungs- oder Berufsfragen nachdenken, solange ständig das Telefon geht oder Kunden warten oder wir uns auf den Straßenverkehr konzentrieren müssen. Unser Unbewusstes aber weiß, dass diese Dinge wichtig sind, und kommt auf sie zurück, sobald sich eine Gelegenheit bietet. Und die womöglich einzige Gelegenheit ist der Moment, in dem wir uns schlafen legen. Weil wir uns tagsüber für die tiefe Betrachtung der wichtigen Dinge keine Zeit nehmen. Weil unser Terminplan zwischen der Hektik des Tages und dem Einschlafen beziehungsweise zwischen Tun und Sein keinen Platz lässt.

So kann es dazu kommen, dass wir immer nur die Punkte ganz oben auf unserer Liste abarbeiten, und das sind die vordringlichen, nicht unbedingt aber die wichtigsten. Der Rest der Liste fällt in dem Moment mit vollem Gewicht über uns her, in dem wir das Licht ausmachen und gern einschlafen würden.

Das, was gemeinhin unter »Entspannung« geführt wird, schafft da keine Abhilfe. Fernsehen, einen Roman lesen, ein Feierabendbierchen, das alles nützt uns nichts, es schiebt nur die Auseinandersetzung mit den wirklich anstehenden Dingen auf, und die sind alle vollzählig versammelt, sobald das Licht ausgeht. Meditation verschafft uns die Gelegenheit, einen Blick unter die Oberfläche in die Tiefe zu tun. Bei der Achtsamkeitsmeditation geht es darum, voll und ganz und mit mehr Haltung und Begeisterung zu leben. Sie ist also keineswegs das Kontrastprogramm zum Leben und Handeln; vielmehr sind ihre Früchte daran zu erkennen, wie wir leben und wie wir mit gewöhnlichen und außergewöhnlichen Dingen umgehen.

Die Bronzestatue des sitzenden Buddha vermittelt nicht das Ganze seines Lebens, denn dieses war nicht reine Kontemplation, sondern bestand auch aus Aktion; der Buddha saß nicht nur mit seinen tiefen Erkenntnissen, sondern setzte sie auch um. Es fing damit an, dass er das behütete, aber sinnlos gewordene Leben am Hof seines Vaters hinter sich ließ und sich auf den Weg der

Selbstsuche und Selbstverwirklichung machte. Später war er für eine Gemeinschaft von 1250 Mönchen verantwortlich, und wenn Sie sich ein Bild machen möchten, was das bedeutet, multiplizieren Sie einfach die Probleme Ihrer engsten Familienangehörigen mit einigen Hundert. Außerdem beriet er Herrscher, Geschäftsleute und ganz gewöhnliche Menschen. Viele Jahre lang durchwanderte er das nördliche Indien, um den Leuten die Praxis des Dharma nahezubringen. Ein Einsiedler war der Buddha also bestimmt nicht.

Meditation und Aktion gehören zusammen

Sobald wir die Meditation zum festen Bestandteil unseres Lebens gemacht haben, lassen Veränderungen, sogar ganz erhebliche, nicht lange auf sich warten. Und alles beginnt damit, dass wir uns dem Atem zuwenden und Ruhe in uns schaffen.

Normalerweise ähnelt unser innerer Zustand dem Straßenverkehr einer Großstadt. Die Gedanken eilen hierhin und dorthin. Hat sich dieser Verkehr dann einmal etwas gelegt, schärft sich unsere Wahrnehmung: Sobald wir unter der Oberfläche etwas bemerken, was uns beunruhigt, horchen wir auf und sehen es uns an. Regt sich ein Unbehagen, verzeichnen wir es. Dann nehmen wir vielleicht Veränderungen vor oder beschließen, angemessen zu handeln.

Meditieren heißt nicht einfach sitzen. Die Meditation soll uns nicht in das Leben des Buddha versetzen – er lebte vor rund 2600 Jahren und unter völlig anderen Bedingungen. Beim Meditieren geht es vielmehr darum, zu unserem eigenen Leben zu erwachen. Meditation und Aktivität sind nicht voneinander zu trennen. Wenn uns das Meditieren nicht zu Veränderungen anregt, bleiben wir in denselben alten Sorgen und Nöten befangen und leiden unter den gewohnten Schlafstörungen. Falls Sie in einer Beziehung leben sollten, in der Sie schlecht behandelt werden, kann die Meditation allein daran nichts ändern. Aber das Sitzen macht die Dinge deutlicher erkennbar und kann Ihren Mut wecken, echte, von innen kommende Lösungen des Problems zu finden. Dann aber müssen Sie aufstehen und etwas *tun*, was Ihr Leben in Einklang mit den gewonnenen Erkenntnissen bringt. Meditation ist also nicht bloß passives Sitzen, sondern stärkt die Eigeninitiative.

Rechtes Handeln

Meditation ermöglicht uns ein angemessenes und zweckdienliches Handeln. Wenn in Geist und Gemüt Ruhe eingekehrt ist und wir unsere liebevolle Verbundenheit mit allen Lebewesen spüren, handeln wir aus einer Haltung des inneren Friedens heraus. Dann nützt unser Handeln nicht mehr nur uns selbst, sondern auch den anderen. Es besteht nicht länger überwiegend aus reflexartigen Reaktionen, sondern entspringt der Tiefe unseres Seins und ist deshalb für alle Beteiligten heilsam.

Jeder von uns kennt die Nachteile eines allzu emotionalen Agierens, zum Beispiel in Panik oder aus Habgier und Egoismus. Die Folgen sind meist bedauerlich, und außerdem bleiben die Probleme in der Regel bestehen, sodass sich der Teufelskreis von unangemessenem Handeln und Reue endlos wiederholt. Er verfolgt uns, und in der Nacht hält er uns wach.

Sicher, manchmal liegt das rechte Handeln darin, dass wir nichts tun. Aber dann sind wir nicht aus Angst oder Ratlosigkeit untätig, sondern weil wir erkannt haben, dass das »rechte Handeln«, wie es im Buddhismus heißt, momentan aus Nichtstun besteht.

Nicht genug?

Viele von uns bleiben abends gern lange auf. Man sitzt vor dem Fernseher, hebt in der Kneipe ein paar Gläschen, unterhält sich mit Freunden, liest oder arbeitet am Computer. Viele begründen diesen freiwilligen Schlafentzug so: »Mir macht das lange Aufbleiben Spaß. Ich mag es und möchte es nicht anders.«

Das Aufstehen am Morgen fällt dann allerdings schon schwerer.

Bei unserer Achtsamkeitspraxis ist es wichtig, dass wir auf solche Grundhaltungen aufmerksam werden. Denn jegliches Gefühl von »Nicht genug« bringt innere Spannungen mit sich, die sich nicht nur auf den Schlaf auswirken. Wer in dem Gefühl lebt, nie genug Geld, Sex, Liebe etc. zu bekommen, macht sich unglücklich. Und manche haben *ständig* den Eindruck, dass sie von allem mehr brauchen, natürlich auch mehr Schlaf.

Schauen Sie genau hin: Haben Sie das Gefühl, dass der Tag Ihrer Kontrolle entgleitet und eigentlich gar nicht Ihnen gehört? Könnte es sein, dass Sie deshalb abends lang aufbleiben – um endlich einmal das tun zu können, was *Sie* gern möchten? In dem Fall wäre im Grunde nicht Schlafmangel das Problem, sondern eher ein Mangel an Zufriedenheit.

Mithilfe der Achtsamkeitsmeditation können Sie dafür sorgen, dass jeder Tag Ihres Lebens erfüllt ist und jeder Augenblick zählt.

Und das erreichen wir nicht durch mehr, sondern durch weniger Aktivitäten.

Wir bilden uns gern ein, dass wir mehr Zeit hätten, wenn wir die anstehenden Dinge schneller erledigen würden. Die Achtsamkeitspraxis geht genau umgekehrt vor. Wenn zum Beispiel keine Milch mehr im Haus ist und wir welche besorgen müssen. Nun können wir eilig loshetzen und dabei an andere Dinge denken, oder aber wir machen uns in aller Ruhe zu Fuß oder mit dem Fahrrad auf den Weg und sind ganz bei der Sache, lassen jedem Augenblick seinen eigenen Raum. Was wohl befriedigender ist? Alles nur dem jeweiligen Ziel unterzuordnen macht aus dem Tag eine einzige Abfolge lästiger Pflichtübungen. Und wenn dann die Nacht kommt, beschleicht uns das Gefühl, überhaupt nicht gelebt zu haben.

> Das Leben ist so kurz, dass wir uns alle langsamer bewegen sollten.
> *Thich Nhat Hanh*

Ein achtsam, Schritt für Schritt gelebter Tag ist viel schöner und befriedigender, und wenn er sich dem Ende nähert, haben wir kein Problem damit, uns dem Schlaf zu überlassen. Der Tag war rund und erfüllt, ohne Hetze und Zeitmangel. Wir haben ihn voll ausgeschöpft, und jetzt plagt uns kein Hunger, kein »Nicht genug«. Es ist wie das wohlige Sättigungsgefühl nach einem leckeren Mahl.

Zur Seite treten

Endlich ist der Himmel leer,
keine Vögel, keine Wolken mehr.
Der Berg und ich sitzen zusammen,
bis da nur noch der Berg ist.

Li Po (701–762)

Solange das Ich im Bild ist, spinnt es nur zu gern ein Drama um sich. Bei Schlafstörungen kann dieses Drama beispielsweise so angelegt sein: »Ich bekomme nicht genügend Schlaf, wie schrecklich!« »Ach je, morgen werde ich den ganzen Tag über hundemüde sein.« »Geht das jetzt womöglich mein ganzes Leben lang so weiter?« »Warum passiert das eigentlich ausgerechnet immer mir?« Leider hilft uns solche Dramatik nicht weiter.

Denn mit der Zeit kann sie selbst zum Schlafhindernis werden, da wir uns abwechselnd über das Geschick dieses Ichs grämen und dann wieder die Geduld mit ihm verlieren.

Das lässt sich beenden, indem wir einfach einen Schritt zur Seite treten und ganz im Erleben des Augenblicks bleiben. Wenn die Gesundheit einmal nicht mitspielt und uns etwas wehtut, können wir davon absehen, den Schmerz auch noch mit Geschichten zu garnieren. Wenn Sie einfach bei der Empfindung selbst bleiben, wird sich vielleicht herausstellen, dass der Schmerz an sich längst nicht so schlimm ist wie die Geschichten, die wir dazu erfinden. Und wenn Sie wach liegen, dann ist es eben so. Erfinden Sie nicht auch noch Geschichten über die Person, die da im Bett liegt und nicht einschlafen kann. Lassen Sie los, denn nur so können Sie diese Zeit klug nutzen. Wenn Sie Ihre Karten richtig ausspielen, wird sich der Schlaf schon irgendwann einstellen.

Mit dem Unbehagen leben

In irgendeinem Zustand befinden wir uns immer; wir sind müde oder bettschwer, langweilen uns, sind ungeduldig, haben Durst oder Hunger, sind ärgerlich, sexuell erregt, besorgt, frustriert oder was auch immer. Das hört erst auf, wenn wir tot sind. Machen Sie sich das klar, sobald Sie wieder einmal einen Moment ohne jede Belastung herbeisehnen. Leben heißt immer auch ein bisschen Unbehagen. Davon spricht die buddhistische Lehrerin Pema Chödrön in ihrem Buch *Liebende Zuwendung – Freude im Herzen,* dessen Originaltitel *The Wisdom of No Escape* lautet.

Die Weisheit, die darin liegt, nicht mehr nach Fluchtwegen zu suchen, wird uns zuteil, wenn wir Unannehmlichkeiten hinnehmen und nicht länger auf vollkommene Glückseligkeit pochen. Dann hat das vollkommene Glück eine Chance. Dieses besteht aber nicht in der völligen Abwesenheit unangenehmer Empfindungen, sondern ist das Ergebnis einer veränderten Grundhaltung. Schmerzen verschwinden nicht, sie füllen uns aber nicht mehr gänzlich aus und wir erfinden keine Geschichten dazu.

Ich erinnere mich an eine Gruppensitzung, in der ein pensionierter Lehrer von seinen Wochenenden berichtete, die er als ausgesprochen unangenehm empfand: »Mein Nachbar bindet seinen Hund immer draußen an und ist dann übers Wochenende weg. Der Hund bellt die ganze Zeit. Und ich kann mich in meinem eigenen Garten kaum mehr aufhalten.«

Eine Teilnehmerin stellte dazu die sehr pointierte Frage: »Was stört dich mehr, der Hund oder dein Ärger?«

Das hat sich mir eingeprägt, denn es ist ja tatsächlich so, dass weniger die Situation selbst als vielmehr unsere Reaktion darauf uns nervt und wach hält. Und das ist gut zu wissen – schließlich wird es uns kaum gelingen, alle Probleme aus der Welt zu schaffen, schon gar nicht bellende Hunde. Andererseits kann die Lösung auch nicht darin bestehen, alles einfach zu schlucken und hinzunehmen. Ich denke, das »Gelassenheitsgebet« schlägt hier einen guten Mittelweg ein:

> Gott, gib mir die Gelassenheit,
> Dinge hinzunehmen,
> die ich nicht ändern kann,
> den Mut, Dinge zu ändern,
> die ich ändern kann,
> und die Weisheit, das eine vom
> anderen zu unterscheiden.

Was freilich den Schlaf angeht, ist es oft klüger, das Gleichgewicht ein wenig in Richtung Hinnehmen zu verschieben. Das wurde mir während der erwähnten Peru-Reise in einem Hotel in Lima bewusst. Ich hatte online eine Übernachtung gebucht, weil das Hotel nah am Flughafen lag. Leider stellte sich dann aber heraus, dass es sehr laut war. Eine Weile schlug ich mich wacker und schlief nach jedem Getöse immer sofort weiter. Doch irgendwann wurde es ganz in der Nähe meines Zimmers sehr laut. Im Halbschlaf dachte ich, dass meine Ruhe für den Rest der Nacht gesichert wäre, wenn ich diese Leute jetzt bitten würde, leiser zu sein. Also stand ich auf und ging zur Tür. Es war, wie sich herausstellte, keine gute Idee. Zunächst einmal wurde ich durch das Aufstehen vollends wach, und dann machte ich mit meiner Aufforderung an die Leute draußen zu allem Überfluss noch aus einer relativ kleinen Störung eine große. Jedenfalls lag ich danach ziemlich lange wach und durfte dabei auch feststellen, dass es in den frühen Morgenstunden ganz von selbst ruhiger wurde.

Widerspruch ist angebracht

Doch woher sollen wir wissen, wann es angebracht ist, sich zu fügen, und wann es besser wäre, aktiv zu werden? Heute wird ja oft gesagt, man solle auf seinen Körper hören. Aber ist es nicht oft der Körper, der sagt »Das schmeckt richtig gut, nimm dir ruhig einen Nachschlag« oder »Noch ein Bierchen wär nicht schlecht«? Manch einer wird von diesem Auf-den-Körper-Hören dick oder blau. Wenn dann morgens der Wecker rappelt, sagt der Körper: »Nein, schlaf noch ein bisschen weiter, es ist grad so schön.« Am Abend zuvor hat er dagegen noch argumentiert: »Bleib noch ein bisschen auf, wo es doch grad so schön ist.« Wann also sollen wir uns fügen und wann widersprechen?

Der Buddha hat sich dieser Frage mehr als einmal gewidmet. Und seine Antwort lautet: Glück ist weder durch die Kasteiung des Körpers noch durch allzu viel Nachgiebigkeit zu erringen. Zur Freiheit führt allein der mittlere Weg zwischen den beiden Extremen. Dass beim Essen viele den mittleren Weg noch nicht gefunden haben, bedarf keiner Erwähnung.

Aber auch zwischen Pflichtbewusstsein und Loslassen gibt es einen mittleren Weg. Wir können ja schlecht darauf beharren, dass alle Probleme gelöst und alle Aufgaben auf unserer Liste erledigt sein müssen, bevor wir uns erlauben können zu schlafen. Irgendwann dürfen wir einfach nicht mehr auf unseren Kopf hören, der immer meint, wir hätten noch nicht genug getan. Dann müssen wir ihm entschieden widersprechen: »Danke, lieber Kopf, aber *nein* danke.« Als Mantra gar nicht schlecht!

Seien Sie gut zu sich

Sie ärgern sich über sich, weil Sie nicht einschlafen können oder sonst irgendetwas nicht können? Machen Sie sich klar, dass *Sie selbst* die Person sind, über die Sie sich da gerade ärgern. Und wie wollen Sie gelassene Zufriedenheit oder eben auch Schlaf finden, wenn Sie sich so fertigmachen? Sie selbst sind der Gegenstand Ihres Unmuts, und glücklicher wird er Sie bestimmt nicht machen, ganz im Gegenteil. Abgesehen davon, dass er dem Schlaf alles andere als förderlich ist.

»Angst kann die Form von Schlafangst annehmen. Und wer als Erwachsener in solchen Ängsten lebt, hat sie oft schon als Kind gehabt.« Bonnie Zucker führt in ihrem Buch *Anxiety-Free Kids* (»Angstfreie Kinder«) Forschungsergebnisse an, denen zufolge zwanzig Prozent der Kinder und Erwachsenen an Ängsten leiden und aus furchtsamen Kindern von Ängsten geplagte Erwachsene werden. Für den letztgenannten Zusammenhang geben manche Autoren eine Quote von neunzig Prozent an. Bei störendem oder aggressivem Verhalten der Schüler nehmen die Lehrer in der Regel Kontakt mit den Eltern auf. Ängste dagegen stellen für den Unterricht zumeist kein Problem dar, sodass sie von den Erwachsenen unbemerkt bleiben und folglich nicht behandelt werden. Der

Arzt Marc Weissbluth spricht in seinem Buch *Gesunder Schlaf, glückliches Kind* die sehr deutliche Warnung aus: »Wenn Ihr Kind es nicht lernt, gut zu schlafen, kann ein unheilbar schlafloser Erwachsener aus ihm werden, der seine chronischen Einschlafstörungen mit Medikamenten bekämpfen muss.« Ein gestörtes Verhältnis zum Schlaf kann tiefe Wurzeln haben, und wahrscheinlich muss unser Blick genauso tief gehen, wenn wir eine Lösung finden wollen.

Störungen zum Schlaflied machen

Manche Leute, deren Schlaf durch Geräusche gestört wird, lassen andererseits in der Nacht das Radio laufen. Der Unterschied besteht darin, dass sie gegen die Geräuschkulisse des Radios nicht innerlich ankämpfen, wohl aber gegen »diesen Krach«. Geräusche, die den einen in der Nacht stören, machen einem anderen überhaupt nichts aus. Es hängt alles davon ab, wie wir zu den Dingen stehen und was für Geschichten wir uns dazu erzählen.

Im Übrigen können Geräusche und Ablenkungen dem Schlaf sogar zuträglich sein. Immerhin gibt es Leute, die am Steuer einschlafen oder sogar bei der Arbeit. Jede Ablenkung holt uns aus unseren Gedanken, und das kann den Schlaf fördern.

ZWEITER TEIL

Sieben geführte Achtsamkeits- meditationen

Einleitung
zu den Übungen

Viele Vorsätze entfallen uns wieder, andere schreiben wir ab, weil wir nicht genügend Informationen besitzen. Denn es reicht nicht zu wissen, wohin wir wollen, wir müssen auch den Weg und die Mittel kennen. Manchmal geht uns unterwegs auch die Puste aus, die Begeisterung, die uns antreibt. Die Inspiration von gestern genügt heute vielleicht nicht mehr. Die Begeisterung, die Inspiration, muss jeden Tag neu sein.

In diesem Teil des Buchs finden Sie Anleitungen, die vor der eigentlichen Meditation zu lesen sind. Die Ergebnisse sind einfach besser, wenn Sie Ihre Praxis immer wieder mit kleinen Lesestücken auffrischen, am besten vor jeder Meditation.

Bei der Lektüre vor der eigentlichen
Meditation geht es um dreierlei:
Informationen, Erinnerung
und Inspiration.

Die Informationen leiten Sie während der Meditation an und sorgen dafür, dass die Richtung
stimmt. Dazu müssen sie jederzeit sofort abruf-
bar sein. Sie lesen den Text also einmal, um die
Informationen aufzunehmen, und dann immer
wieder, damit sie Ihnen präsent bleiben.

Ebenso wichtig ist die Inspiration. Wenn Sie
sich anschicken zu meditieren, ist Ihr Kopf oft
noch voll mit anderen Dingen. Sollten Sie sich
jetzt sofort zur Meditation hinsetzen, würden
diese Dinge Sie weiterhin beschäftigen. Und dann
sähe es vielleicht so aus, als würden Sie meditieren, doch voll darauf konzentriert wären Sie bestimmt nicht. Und nachdem Sie das ein paar Mal
so gemacht haben, finden Sie die Sache unbefrie-
digend und verlieren die Lust daran.

Selbst wenn Sie mal nur eine Viertelstunde für
die Meditation haben, ist es sinnvoll, die Zeit
aufzuteilen und vor dem Sitzen den Text zu lesen. Nehmen Sie sich fünf Minuten für die Lektüre, und die übrigen zehn Minuten sitzen Sie. Das

bringt wahrscheinlich mehr, als sich ohne jede Vorbereitung aufs Kissen zu setzen.

Inspiration ist nicht dasselbe wie Information. Während Sie den Informationen entnehmen können, wie Sie etwas tun, hält die Inspiration Ihnen das Warum vor Augen. Wie ein Vorsatz beziehungsweise Gelübde verleiht sie Ihrem Vorhaben Sinnhaftigkeit und gibt die Richtung vor. Wenn die Zeit für Ihre Meditation gekommen ist, werden Sie oft noch mit ganz anderen Dingen beschäftigt sein, und dann sorgt die Inspiration dafür, dass Sie sich aufraffen. Sie ruft Ihnen in Erinnerung, worauf Sie eigentlich aus sind. Und dann werden Sie entschlossen und mit vollem Einsatz meditieren.

Sie brauchen:
Inspiration,
Informationen,
Praxis.

Die Praxis setzt Ihre Vorsätze in die Wirklichkeit um. Denn Meditieren muss man lernen und üben wie das Klavierspielen. Und wenn Sie nur ein einziges Stück einstudieren, wird es Ihnen bald langweilig. Damit Sie durchhalten, muss sich Ihre

Meditation weiterentwickeln. Deshalb stelle ich Ihnen in diesem Buch auch sieben verschiedene Meditationen vor: um Ihr Interesse wachzuhalten.

Alle sieben Übungen, mit denen Sie sich jeweils eine Woche lang beschäftigen werden, beginnen mit einer einleitenden Erläuterung, gefolgt von einem kursiv gesetzten Text, nach dessen Lektüre Ihre eigentliche Meditation beginnt. Wenn Sie möchten, können Sie den Text laut lesen, dann haben Sie neben der visuellen auch eine akustische Merkhilfe. Nachdem Sie den Text gelesen haben, gehen Sie ihn noch einmal kurz durch, um zu sehen, was Ihnen davon haften geblieben ist. Ihre Meditation wird sich auf das beziehen, was Ihnen noch erinnerlich ist.

Danach legen Sie das Buch weg. Die Übung besteht jetzt darin, sich jeden Satz, jede Anleitung und jedes Bild jeweils fünf Atemzüge lang innerlich gegenwärtig zu halten. (Ein Atemzug ist ein voller Zyklus von Einatmen und Ausatmen.) Sie können den jeweiligen Satz einfach innerlich sprechen beziehungsweise das verwendete Bild visualisieren oder die gegebene Anleitung befolgen.

Fünf Atemzüge können Sie an den Fingern abzählen, doch Sie werden sehen, dass dazu Konzentration erforderlich ist. Wenn Sie alles durchhaben, was Ihnen von dem Text in Erinnerung geblieben ist, können Sie noch eine Weile einfach so sitzen oder aber die Meditation beenden. Sie können auch den Text noch einmal lesen und Ihre Meditation erneut aufnehmen.

Ihre erste Meditation könnte beispielsweise zehn Minuten dauern, fünf Minuten für die Lektüre und dann vielleicht je eine Minute für fünf Dinge aus dem Text, an die Sie sich erinnern. Wenn Sie die Meditation anschließend oder am nächsten Tag wiederholen, könnte sie schon ein wenig länger dauern, einfach weil Sie sich an mehr Einzelheiten des Texts erinnern. Wichtig ist, dass Sie immer in der bewussten Wahrnehmung Ihres Atems bleiben, sonst gleiten Sie leicht in Tagträumerei ab.

Ihre Meditationen werden also länger werden, und vielleicht fällt Ihnen irgendwann auf, dass Sie förmlich »glühen«. (Mir fällt kein besseres Wort zur Beschreibung dieses wunderbar wohligen Gefühls bei der Meditation ein.) Sonnen Sie sich ruhig so lange darin, wie Sie die Konzentration auf den Atem aufrechterhalten können.

Um den Einstieg ins Meditieren zu erleichtern, finden Sie alle Übungen zum kostenlosen Download unter: www.heyne.de/buddha-meditationen.

Was zu beachten ist

Zunächst zu den Augen. Ich habe die Lider beim Meditieren locker geschlossen, wie Jalousien, die unten noch einen schmalen Streifen Licht einlassen. Ich richte den Blick auf nichts Bestimmtes und konzentriere mich auf kein äußeres Objekt. Ein bisschen Licht, vielleicht etwas Farbe, das ist alles, was ich sehe. Damit komme ich am besten zurecht. Wenn ich die Augen ganz zumache, schweife ich leichter ab und bin dann in meinen Gedanken. Und wenn ich sie ganz offen halte, empfinde ich das als zu ablenkend.

Die anderen Sinneseindrücke und das Denken können wir dagegen nicht einfach ausblenden. Die Ohren bleiben immer offen, auch wenn wir nicht aktiv hinhören oder das Gehörte analysieren. In ähnlichem Sinne werden die Augen nicht fest geschlossen, aber sie betrachten auch nichts Bestimmtes, sind auf nichts scharf gestellt.

Ich empfehle Ihnen, jeweils eine Woche lang bei einer Übung zu bleiben und sie täglich zu praktizieren. Wenn Sie mit allen sieben Übungen durch sind und sich alles noch einmal in Erinnerung rufen oder einfach noch besser einüben möchten, können Sie die sieben Meditationen auch im Laufe einer Woche an jeweils einem Tag üben. Aber machen Sie sich ruhig Ihren eigenen Übungsplan.

Ähnliches gilt für die Frage, wann und wo Sie am besten meditieren. Es liegt nahe, vor dem Schlafengehen im Schlafzimmer zu üben, aber das geht aus räumlichen und anderen Gründen vielleicht nicht immer. Probieren Sie verschiedene Möglichkeiten aus.

> Wenn Sie oft in den frühen Morgenstunden aufwachen, können Sie Ihre Meditation auch in diese Zeit verlegen.

Zur Haltung: Ich persönlich kann am besten im Sitzen üben, im Liegen fällt es mir schwer. Meditation verlangt sowohl Entspannung als auch Konzentration, und im Liegen entspannt man sich zwar leichter, aber die Konzentration wird dadurch nicht unbedingt gefördert. Probieren Sie beides aus, um herauszufinden, wie es bei Ihnen ist.

Wenn Sie am Boden sitzend meditieren, sollte das Gesäß ein wenig erhöht sein, denn sonst kann es leicht passieren, dass Sie nicht gerade, sondern gebeugt dasitzen. Wenn Sie kein Meditationsbänkchen haben, legen Sie sich am besten ein festes Kissen unter.

Sollten Sie auf einem Stuhl sitzen, achten Sie darauf, dass die Füße flach auf dem Boden stehen.

Auf dem Bett oder im Bett stopfen Sie sich einfach ein Kissen unter den Po.

Die Hände liegen übereinander im Schoß. Um eine weitere Verbindungsstelle zum Atem zu bekommen, ist es hilfreich, wenn sie einen gewissen Kontakt mit dem Bauch haben, der sich beim Atmen aus- und einwärts bewegt.

Erste Woche:
innere Ruhe finden

Zur Vorbereitung

Manche meinen, Meditation sei dazu da, den Geist gänzlich zum Stillstand zu bringen. Also sitzen sie und versuchen es. Aber bald geraten sie in einen Kampf mit ihrem Denken, und den verlieren sie. Dann werfen sie frustriert die Flinte ins Korn. Kennen Sie das?

Wir möchten einfach nur Ruhe einkehren lassen, und das gelingt, wenn wir uns auf den Atem konzentrieren. Solange wir uns einfach unseren Gedanken überlassen, schließt sich der Atem deren Rhythmus an. Dann springen wir von einem Gedanken zum nächsten, kommen von Hölzchen auf Stöckchen, und entsprechend unregelmäßig kann der Atemrhythmus werden. Halten wir uns dagegen an den Atem statt an unsere Gedanken, findet der Atem zu einem stetigen, regelmäßigen Rhythmus.

**Meditation
ist etwas anderes
als Tagträumerei.**

Wenn wir unseren Gedanken nachgehen, achten wir normalerweise nicht auf den Atem. Das kehren wir jetzt um, indem wir uns bewusst an den Atem halten. Unsere Gedanken behandeln wir dabei ungefähr so wie ein im Hintergrund laufendes Radio. Wir haben irgendetwas zu tun und sind uns des Radios sehr wohl bewusst, lassen uns von ihm aber nicht dreinreden. Wenn es tönt: »Hol dir dies« oder »Hol dir das«, lassen wir nicht sofort alles stehen und liegen, um loszustürmen und uns das Angepriesene zu besorgen. Was das Radio angeht, haben wir also eine kluge Distanz geschaffen – und die wollen wir jetzt auch zu unseren Gedanken herstellen.

Bei der Meditation haben wir nichts weiter zu tun, als uns auf den Atem zu konzentrieren. Wir bleiben von Moment zu Moment beim Atem, bei der Empfindung des Atmens. Haben Sie je einen vollen Atemzug von Anfang bis Ende genau verfolgt, mitsamt den begleitenden Empfindungen? Ein einziger achtsamer Atemzug kann Sie auf vieles aufmerksam machen – Ihre Körperhaltung, die

Enge des Gürtels oder auch Spannungen in der Bauchmuskulatur.

Sollten Sie »Brustatmer« sein,
lesen Sie jetzt bitte zuerst die Ausführungen
über die Bauchatmung am Ende des Buchs.
Machen Sie auch die kleinen Übungen,
die Sie an die Bauchatmung
heranführen.
Wie Sie feststellen können, auf welche Weise
Sie atmen? Legen Sie die Hand auf den Bauch,
und holen Sie Luft. Wenn Sie an der Hand
spüren, dass sich die Bauchdecke vorwölbt,
atmen Sie mit dem Bauch.

Der Atem ist wie eine Kinderschaukel. Beim Einatmen findet zunächst eine Beschleunigung statt, und gegen Ende wird die Bewegung langsamer, bis sie zum Stillstand kommt. Dann beginnt das Ausatmen, wieder in der ersten Phase schneller werdend und gegen Ende immer langsamer. Wie bei der Schaukel ändert sich die Geschwindigkeit ständig. Um das alles aber verfolgen zu können, müssen Sie es nicht bloß bewusst wahrnehmen, sondern sich auch darauf konzentrieren. Nur Teile eines Atemzyklus bewusst zu registrieren genügt nicht; Ihre Aufmerksamkeit muss über den ganzen Zyklus und Zyklus für Zyklus beim Atem bleiben.

> Ich kann meinen Atem auf
> verschiedene Arten spüren:
> Ich spüre ihn am Zwerchfell.
> Ich kann spüren, wie sich die Kleidung
> ganz leicht auf der Haut verschiebt.
> Ich spüre den Luftstrom
> in den Nasenlöchern.
> Wenn ich Luft hole, spüre ich die
> Kühle im Inneren der Nase.

Wenn Sie die Kühle nicht ohne Weiteres spüren können, halten Sie einen Finger ein paar Sekunden lang waagerecht unter die Nase. So werden die unterschiedlichen Temperaturen beim Ein- und Ausatmen deutlicher wahrnehmbar.

Durch die Konzentration auf den Atem beschäftigen wir unseren Geist mit etwas anderem als Denken. Das erbringt bessere Ergebnisse als der Versuch, ihn niederzuringen.

Nach wenigen Minuten passiert etwas Neues: Der Atem findet zu seinem natürlichen Rhythmus. Im normalen Wachzustand schießen uns Gedanken durch den Kopf, der Atem ist unregelmäßig und abgehackt. Jetzt aber bekommt der Atem ein Gleichmaß wie die Wellen am Strand. Und wie die Wellen kommt auch der Atem von irgendwoher. Er strömt ein und verliert sich wie eine Welle im Sand. Ein Teil des Wassers strömt ins Meer zurück, aber verändert: Es hat den Strand gesäubert und führt nicht nur mit sich, was dort lag, sondern zugleich ein wenig von der Wärme des Sands. Auch der Atem reinigt den Körper, und die ausströmende Luft ist mit Kohlendioxid und Wärme gesättigt. Wenn Sie möchten, können Sie sich von diesem inneren Bild leiten lassen. Sonnen Sie sich noch ein wenig am Strand, lauschen Sie dem Rauschen der Wellen, lassen Sie alle Sinne daran teilhaben.

Wir können das, was jetzt in uns vorgeht, auch mit dem Unterschied zwischen dem Autofahren in der Stadt und einer Fahrt über Land vergleichen. Anfahren und Anhalten wechseln sich in der City ständig ab, hinzu kommen Ungeduld und leiser Ärger. Bei einer längeren Fahrt außerhalb der Stadt kehrt dagegen bald Ruhe ein, und der Rhythmus ist ein ganz anderer.

Bei dieser Atemübung kann sich die Konzentration nach einer Weile von selbst einstellen. Am Anfang verlangt sie noch einen gewissen Einsatz, doch allmählich übernimmt dann der natürliche Rhythmus des Atems die Führung. Vielleicht fühlen Sie sich wie eine Möwe, die flügelschlagend vom Boden aufsteigt, dort oben dann aber mühelos im Wind segelt. Lassen Sie sich vom Wind des Atems tragen. Ein Lächeln breitet sich in Ihnen aus und erfasst auch Ihr Herz.

Hier verlieren die Gedanken alle Dringlichkeit.

Sie befinden sich jetzt in einem meditativen Zustand, der genauso erholsam ist wie der Schlaf (manche sagen sogar: erholsamer). Genießen Sie ihn, solange Sie mögen oder bis er von selbst nachlässt.

Die Übung

Lesen Sie diesen Meditationstext
(wie auch die folgenden sechs) langsam
und mit kleinen Pausen zwischen
den einzelnen Abschnitten.

Die Vergangenheit ist vorbei,
die Zukunft noch nicht da.
Ich sammle mich darauf, in diesem Augen-
blick in Frieden, glücklich und frei zu sein.

Jetzt konzentriere ich mich auf
die bewusste Wahrnehmung meines Atems.
Meine Aufmerksamkeit
ist ständig beim Atem.
Ich folge dem einsetzenden Atem,
der mir den Bauch wölbt.
Ich achte weiter auf das Heben und Senken
des Bauchs bei jedem Atemzug, auf und
ab wie ein Kind auf der Schaukel.

Wie die Schaukel am Ende jedes
Schwungs wird auch mein Atem
gegen Ende langsamer.
Ich folge ihm bis zu diesem
langsamen Ende und dem
einsetzenden Rückschwung.

Ich umfange meinen Atem
sehr behutsam, sehr aufmerksam,
wie eine Mutter, die ihr Kind hält.
Ich lasse das Kind nicht fallen.
Die Gedanken bleiben im Hintergrund.

Ich genieße das rhythmische Heben und
Senken des Bauchs.

Ich bin froh im Hier und Jetzt.
Ich eile nicht voraus und nicht zurück.

Mein Geist bringt immer weitere
Gedanken hervor, das liegt in seiner Natur.
Ich gehe den Gedanken nicht nach.
Ich konzentriere mich auf meinen Atem.

Mir ist wohl und leicht.
Bei jedem Atemzug löse ich mich von
Spannungen irgendwo in Körper und Geist.

Mir ist bewusst, dass Gedanken
Anspannung im Gesicht erzeugen können.
Bei jedem Atemzug entspanne ich meine
Gesichtsmuskeln und lächle.

Es gibt Empfindungen im Körper;
ich nehme sie an, wie sie sind.
Meine Körperhaltung ist mir bewusst.
Beim Einatmen nehme ich den Luftstrom
in der Nase wahr.

Wenn Geräusche zu hören sind,
reagiere ich nicht auf sie.
Ich bemerke sie nur und lasse sie los.
Ich genieße weiter mein
friedvolles Atmen.

Gefühle und Gedanken
strömen wie ein Fluss. Ich gehe nicht
in ihm unter.
Die Konzentration auf den Atem
ist wie ein Anker, der dafür sorgt,
dass das Boot nicht davontreibt.

Durch die Sammlung auf den
Atem verliere ich mich nicht
in meinen Gedanken.
Ich vermerke Laute und Hautempfindungen,
ohne auf sie einzugehen.

Bei Störungen wie Erinnerungen,
Juckreiz und Geräuschen lächle ich.
Das Lächeln entspannt mich.
Ich ruhe zufrieden in mir.

Mit jedem Atemzug komme ich
im Hier und Jetzt an.
Ich sitze aufrecht,
mein Atem geht leicht.

Mein Geist ist in Frieden,
mein Körper frei von Spannungen.
Ich bin gelassen und in Ruhe.
Ich fühle mich frei. Ich bin zu Hause.

Zweite Woche:
den Geist schulen

Zur Vorbereitung

Da es jetzt ruhiger in uns geworden ist, können wir dazu übergehen, unseren Geist zu schulen.

Das Denken ist nicht per se unser Feind, schließlich verdanken wir ihm die meisten unserer Erfolge im Leben. Es kann aber zum Feind werden, wenn es sich aufgrund alter Gewohnheiten verselbstständigt und im Kreis dreht, immer wieder vorauseilend oder rückwärtsblickend, wie ein wahres Gedankenkarussell. Ein solches Denken ist nicht nur nutzlos, sondern lässt tagsüber keine Geistesgegenwart zu, und in der Nacht stört oder verhindert es den Schlaf. Die Lösung besteht aber nicht darin, unseren Geist gänzlich stillzulegen. Das ginge auch gar nicht. Das Herz schlägt weiter, der Magen verdaut immerzu, und unser Geist wird weiter tätig sein, ob wir wollen oder nicht.

Bei der Achtsamkeitsmeditation überlassen wir unseren Geist nicht einfach seinem automatischen Denken, sondern geben ihm etwas anderes zu tun. Wir lassen ihn auf den Atem achten, auf alle begleitenden Körperempfindungen, auf unsere Haltung, den Zustand unserer Beine und Füße, die wechselnde Temperatur. Wir achten mehr auf Empfindungen als auf Gedanken; diese betrachten wir für die Dauer der Meditation als eine Art Geräuschkulisse.

In einer späteren Übung werden wir auch unsere geistigen Zustände zum Gegenstand unserer Betrachtung machen, um so auf unsere mentalen Gewohnheiten aufmerksam zu werden. Im Augenblick aber geht es eher darum, dass wir uns dem starken Sog unseres Denkens entziehen, und das ist eine heikle Angelegenheit, denn allzu leicht rutscht unsere Aufmerksamkeit ab und ist schnell wieder beim Denken. Dann müssen wir sie freundlich, aber bestimmt und Atemzug für Atemzug zum Körper und zum Atem zurückholen. Wenn Sie dieses Abgleiten der Aufmerksamkeit bei sich bemerken, denken Sie bitte nicht, dass Sie etwas falsch machen oder Ihnen die Meditation nichts bringt. So ist es eben am Anfang – und auch noch ein gutes Stück über den Anfang hinaus.

Die Übung

Mit jedem Atemzug lenke
ich meine Aufmerksamkeit
vom Denken ab und wieder zum
körperlichen Geschehen zurück.
Mit jedem Atemzug lasse ich die Welt
der Gedanken hinter mir
und komme in der Welt der Sinne an.

Ich konzentriere mich auf den Atem
und den Fluss meines Erlebens,
und so bin ich im gegenwärtigen
Augenblick.

Ich achte nur auf die Empfindungen selbst,
nicht auf die Person, die sie hat.

Ich achte auf die Empfindungen,
nicht auf meine Gefühle zu ihnen.
Gut und schlecht gibt es für den Moment
nicht, keine Urteile.

Meine Sinne nehmen auf,
was jetzt gerade ist.
Was durch die Sinne hereinkommt,
nehme ich an.

Ich nehme die Welt, wie sie ist.
Einatmend, ausatmend bleibe ich in dieser
warmen Welt des Bejahens.

Einatmend, ausatmend finde
ich Genügen im Hier und Jetzt.
Ich wünsche mir die Dinge nicht anders,
als sie sind.

Nichts zu beanstanden, nichts zu bewerten –
es wären doch nur Gedanken.
Eben jetzt nehme ich einfach alles entgegen,
was mir die Sinne vermitteln.

Ich bin dankbar für alles, was jetzt ist,
und lasse allen Körperteilen Wellen dieser
Zufriedenheit zukommen.
Mein Körper ist ein Wunder.

Die Gedanken kommen und gehen
wie Geräusche aus der Umgebung.
Ich bleibe bei meinem Atem.

Beim Einatmen und Ausatmen
halte ich mich offen
und versuche nichts zu erreichen.
Was an Einblicken kommen mag,
habe ich nicht in der Hand.
Aber für Offenheit kann ich sorgen.

Ist mein Geist jetzt frei?
Ich nehme einen Atemzug in Freiheit.
Dann noch einen.

Beim Einatmen: Frische.
Beim Ausatmen: Ich bin noch da.

Lesen Sie sich den Text einmal laut vor, dann beginnen Sie mit der Meditation. Wenn Sie nach einer Weile das Gefühl haben, dass es gut läuft, machen Sie einfach so weiter. Sollte es irgendwo haken, lesen Sie sich den Text noch einmal laut vor oder hören sich ihn an und beginnen von Neuem.

Dritte Woche:
Reise durch den Körper

Zur Vorbereitung

Manche Meditationslehrer beginnen mit dieser Übung. Doch solange wir uns noch nicht mit dem schier unwiderstehlichen Sog unseres Denkens auseinandergesetzt und eine gewisse Ruhe hergestellt haben, fallen wir bei dieser Reise durch den Körper allzu leicht wieder ins Denken zurück. Wenn Ihnen diese Reihenfolge der Übungen aber nicht so zusagt, dürfen Sie es gern mit einer anderen versuchen.

Manche machen diesen »Ganzkörper-Scan« lieber im Liegen, weil sich der Körper da vollständiger entspannt. Probieren Sie beides aus, Sitzen und Liegen. Ich kann mich wie gesagt im Liegen nicht gut konzentrieren und verliere leicht den Faden. Wenn Sie einschlafen, ist das kein Problem, aber wenn Sie den Faden verlieren, weil Sie doch wieder an anderes denken, werden

Sie womöglich nicht viel von der Übung haben. Setzen Sie sich in dem Fall lieber aufrecht hin.

Bei der Reise durch den Körper sammeln wir uns nacheinander auf die verschiedenen Teile des Körpers, um sie bewusst zu entspannen. Wir gehen von oben nach unten vor – Atem, Geist, Gesicht, Hals und Schultern, Rumpf, Gesäß und Beine.

Die Übung

Ich sitze bequem und löse alle Spannungen.
Ich nehme fünf lange, tiefe Atemzüge und
konzentriere mich auf die körperliche
Empfindung des Atmens, auf den Luftstrom
am Naseneingang beim Einatmen,
auf den sich vorwölbenden Bauch.
Ich nehme bei der Weitung des Bauchs
auch meinen Gürtel wahr und
die leichte Verschiebung der Kleidung
auf der Haut.
Fünf Atemzyklen lang bleibe ich mit der
Aufmerksamkeit ganz beim Atem:
einatmen, langsamer werdend
am Ende, Beginn des Ausatmens und
wieder langsamer am Ende.

Dann kurze Pause und Beginn
des nächsten Zyklus.

Bei den nächsten fünf Atemzügen
entspanne ich mich geistig.
Nichts muss getan werden,
ich muss nirgendwo hin.
Ich habe keine Verpflichtungen.
Kann mich einfach dem Sitzen überlassen,
loslassen, ich selbst sein.

Das Gesicht ist ein Spiegel des Geistes.
Ein friedvoller Geist zeigt sich
in einem friedvollen Gesicht.
Das Lächeln in mir legt sich auf
mein Gesicht.
Fünf Atemzüge lang nehme ich
meine Gesichtsmuskeln wahr,
die Stirn, dann die Augenpartie und
die Wangen, schließlich die Muskeln
um den Mund und unter dem Kinn.

Für mein Kinn finde ich
eine bequeme Haltung, weder
zu hoch noch zu niedrig.

Während der nächsten fünf Atemzüge
konzentriere ich mich
auf Kinn und Hals.
Ich achte darauf, dass der Kopf
in gerader Linie mit der Wirbelsäule steht
und mein Hals entspannt ist.

Weiter abwärts konzentriere
ich mich jetzt auf Schultern und Arme;
ich achte darauf, dass die Schultern
nicht angespannt sind.
Meine Hände berühren sich gegenseitig
und auch die Bauchdecke.
Mit den Händen spüre ich das Heben
und Senken meines Bauchs.
Fünf Atemzüge lang folge ich seinen
ruhigen Bewegungen.

Meine Körperhaltung verlangt
die Mitwirkung der Rückenmuskeln.
Sie halten mich aufrecht, und so hat
der Atem Platz in meinem Bauch.
Meine Vorderseite ist weich, die Rückseite härter.
So atme ich fünfmal ein und aus, der Rücken
unbeweglich, der Bauch in rhythmischer
Bewegung.

Innerlich folge ich den Rückenmuskeln
abwärts bis zu den Lendenwirbeln.
Hier ist die Stütze meiner Haltung:
von den Schultern bis zum Kreuz.
Meine Haltung bleibt stabil, während sich
der Oberkörper vorn und an den Seiten
rhythmisch dehnt und zusammenzieht.
Mein ganzer Rumpf atmet.

Die nächsten fünf Atemzüge lang
konzentriere ich mich auf den unteren
Bereich meines Körpers.
Ich nehme wahr, wie sich das Kissen,
das Meditationsbänkchen oder der Stuhl
unter meinem Gesäß anfühlt.
Sitze ich stabil?
Wenn ich etwas ändern muss,
um stabiler und bequemer zu sitzen,
ändere ich es jetzt.

Nun zu den Beinen. Sollten unangenehme
Empfindungen in den Beinen auftreten,
richte ich meine Aufmerksamkeit darauf.
Was ist das für eine Empfindung?
Ich atme ein und aus und bin mir dieser
Empfindung bewusst.

Weitere fünf Atemzüge lang
sammle ich mich auf die Füße.
Wie stehen oder liegen sie auf?
Fühlen sie sich warm oder kalt an?
Ist das Gefühl in beiden Füßen gleich?
Wenn es eine Empfindung gibt, wo ist sie am
stärksten? Wie ist das Gefühl
in den Fußgelenken?

Am Schluss spüre ich das Ganze meines
Körpers vom Kopf bis zu den Füßen.
Ich fühle diesen Zusammenhalt,
diese Ganzheit.

Ich lausche. Möchte mir mein Körper
oder der Geist etwas sagen?
Vielleicht ist es einem Fuß unbehaglich
und er beklagt sich nachdrücklich.
Vielleicht sind die Schultern angespannt.
Ich lasse los und lausche erneut.

Dieser Abschluss, das Lauschen, ist wichtig, damit wir merken, wo wir noch festhalten. Das kann man auch im Laufe des Tages immer wieder üben. Es nimmt uns die Last von den Schultern oder der Brust.

Spannungen schleichen sich ein, wenn wir denken, statt hinzuhören. Am häufigsten betroffen sind Gesicht, Bauch, Beine und Füße. Wir haben jedoch alle unsere ganz eigenen Verspannungsmuster. Wenn Sie einmal herausgefunden haben, an welcher Stelle Ihres Körpers Spannungen besonders leicht entstehen, können Sie sich dieser Stelle direkt zuwenden und die Spannung lösen.

Eine Phase des Hinhörens sollte Bestandteil jeder Meditation sein. »Lächeln« ist immer auch die Aufforderung, die Gesichtsmuskeln zu entspannen. Sie können sich einen Zettel mit der Aufschrift »Hinhören« irgendwo an gut sichtbarer Stelle aufhängen, damit Sie immer wieder daran erinnert werden. Solche Erinnerungshilfen sind nicht nur für die Meditation, sondern den ganzen Tag über nützlich.

Machen Sie diese Übung in einer bequemen Haltung. »Bequem« darf allerdings nicht heißen, dass Sie gebeugt dasitzen. Die Meditationshaltung lässt immer wieder Missempfindungen entstehen. Auf solche kleineren Störungen aufmerksam zu werden und sie einfach hinzunehmen, gehört zur Praxis mit dazu.

Hier noch einmal der ganze Ablauf zum Einprägen: Atem, Geist, Gesicht, Hals, Schultern, Bauch und Beine.

Vierte Woche:
die Meditation der
Herzensgüte

Zur Vorbereitung

Wer sich ärgert, kann schwer einschlafen. Zornige Gedanken gesellen sich dem Gefühl hinzu, sodass wir uns nur noch mehr aufregen. Bei heftigen Emotionen müssen wir uns sehr konzentrieren, um beim Atem bleiben zu können, und doch macht uns der Ärger immer wieder einen Strich durch die Rechnung. Hier kann die Meditation der Herzensgüte helfen. Herzensgüte ist das Gegenteil von Ärger, besteht aber ebenfalls aus Gefühlen und Gedanken. Ein mitfühlender Gedanke kann einen ganzen Schwall von Ärger-Gedanken unterbrechen und die Dinge wieder zurechtrücken.

Davon konnte ich mich erst vor Kurzem wieder einmal überzeugen, als die an einem See gelegene Ortschaft westlich von Montreal, in der ich lebe, von Graffiti-Schmierern heimgesucht wurde. Ich kam an einem ehrwürdigen alten Gebäude vorbei, dessen Kamin großflächig verschandelt worden war. Beim Anblick der hässlichen schwarzen Kritzelei stieg der Ärger in mir hoch. Dann aber dämmerte mir, dass die jungen Leute, die so etwas machen, bestimmt vor allem Anerkennung suchen. Irgendwie war es der Schule und dem übrigen sozialen Umfeld wohl nicht gelungen, dieses Bedürfnis in sinnvolle Bahnen zu leiten. Erst ein Jahr zuvor waren drei von ihnen zu Tode gekommen, als sie beim Besprühen einer Überführung von einem Zug erfasst wurden. Sie müssen so verzweifelt auf Anerkennung aus gewesen sein, dass sie tollkühn wurden. »Arme Kerle«, dachte ich. »Wenn das ihre Vorstellung von Leistung und Anerkennung ist, muss es in ihnen wirklich trostlos aussehen.« Und schon war mein Ärger verraucht.

Es ist aber nicht so, dass ich Graffitis seitdem gutheiße. Ich wünschte, es gäbe etwas, womit man die Jungs von diesem Treiben abhalten könnte. Aber ich lasse gelten, dass die hässlichen schwarzen Kritzeleien auf etwas sehr Wesentliches hinweisen. Doch damit genug von den Graffiti-Sprayern und zurück zum Thema des Ärgers und seiner Verwandlung in etwas Erfreulicheres. »Ein Tropfen Mitgefühl reicht aus, um den Frühling auf die Erde zurückzubringen«, sagt Thich Nhat Hanh. Genau das hatte ich in diesem Moment erlebt.

Feindseligkeit hat in der Herzensgüte keinen Platz, denn diese ist eine bejahende, freundliche Haltung, in der man allen Lebewesen Freude und Glück wünscht. Wenn wir anderen Glück wünschen, muss das nicht bedeuten, dass wir mit ihnen zusammenleben möchten. Ich mag Tiger und Kaninchen wirklich sehr, möchte aber nicht unter einem Dach mit ihnen wohnen. Ich wünsche Rauchern alles Gute, möchte aber nicht gern mit einem zusammenleben. Ich möchte mein Leben auch nicht unbedingt mit einem Fleischesser teilen. Meine Partnerin ernährt sich wie ich vegetarisch, und das macht in der Küche manches einfacher.

Aber wie ist es bei Leuten, die morden oder vergewaltigen oder andere völlig inakzeptable Dinge tun? Wenn wir in einer Gruppe über Herzensgüte sprechen, kommt diese Frage unweigerlich auf. Ich verweise dann immer gern auf den Dalai Lama. Die Chinesen haben ihm und allen Tibetern über lange Zeit schweres Unrecht angetan. Würde Seine Heiligkeit es den Chinesen wirklich übel nehmen, müsste er sehr viel Ärger im Herzen tragen. Aber wir kennen ihn alle als ungewöhnlich gütigen und umgänglichen Menschen. Das Geheimnis liegt darin, dass er zwischen der Tat und dem sie Ausführenden unterscheidet. Wie er in seinem Buch *Gefühl und Mitgefühl* erläutert, kann eine Tat unannehmbar und sogar hassenswert sein, aber der Täter ist als Opfer seiner eigenen Verblendung zu sehen, die ihn habgierig macht oder unbeugsam auf einem Standpunkt beharren lässt. Die Chinesen sehen die Welt durch die Brille ihrer kommunistischen Doktrinen, insbesondere die Soldaten, die zudem zum Gehorsam verpflichtet sind. Jeder schuldhaft in die Tragödie Tibets verstrickte Chinese ist ein Opfer seiner Fehlwahrnehmung, die wiederum durch eine Art kollektive Blindheit bedingt ist. »Hasse die Sünde, aber nicht den Sünder«, auf diesen kurzen Nenner könnte man die Haltung des Dalai Lama bringen.

Auch Thich Nhat Hanh weiß, wie man den Tropfen Mitgefühl für einen Menschen findet, zu dem man eine schwierige Beziehung hat. Einem jungen Mann gegenüber, dem es schwerfiel, auf seinen Vater zuzugehen, habe ich ihn einmal sagen hören, er möge ihn sich mit fünf Jahren vorstellen, in der ganzen Ungeschütztheit und Schönheit dieses Lebensalters.

Die Übung

*Ich sitze bequem und atme
ein paar Mal tief durch.
Ich wende mich den noch vorhandenen
Gefühlen in mir zu und ersetze sie bewusst
durch wohlwollende Gedanken.*

*Mir fällt auf, dass Gedanken
an Menschen, die ich kenne, eine bestimmte
emotionale Färbung haben.
Wenn ich an bestimmte Menschen denke,
muss ich lächeln, bei anderen verkrampfe
ich mich eher ein wenig.*

*Beim Einatmen und Ausatmen
ersetze ich meine spontane emotionale
Reaktion bewusst durch Gedanken
der Freundlichkeit und Güte.*

*Immer wieder mache ich es so.
Sobald ein Gesicht oder ein Name
auftaucht, denke ich mit herzlicher
Zuwendung an diesen Menschen.*

*Es sind meine Gefühle. Niemand außer
mir bestimmt darüber.
Ich allein bin für meine Gefühle
verantwortlich.*

*Die freundlichen und freundschaftlichen
Gefühle tun auch mir gut.
Feindseligkeit, Ärger und Groll
belasten mich nur.*

*Ich bevorzuge niemanden.
Meine freundlichen Gedanken gelten
allen Menschen.
Freundlichkeit ist wie Sonnenschein:
Jeder braucht ihn.
Die Sonne scheint nicht nur
auf die Vollkommenen.
Der Sonnenschein meiner
freundlichen Gedanken fällt auf alle,
auch auf mich.*

*Ich sehe mich als fünfjähriges Kind
in der unschuldigen Schönheit
dieses Alters.
Dieses Kind war ich einmal.*

Ich habe meine Liebe und
Freundlichkeit verdient.
Ich verdiene sie auch so,
wie ich jetzt bin.

Viele Gefängnisinsassen sind
als Kinder schlecht behandelt worden.
Auch sie sind unschuldig.
Auch sie brauchen Güte. Herzensgüte heilt.
Ich halte meine freundlichen Gefühle
nicht zurück.

Ich muss nicht kleinlich sein, nur weil
jemand anders kleinlich ist. Ich bin ich.
Von ganzem Herzen übe ich
Freundlichkeit und Güte.
Ich fühle mich dann besser und
andere ebenfalls.

Weitere Menschen, die ich kenne,
fallen mir ein.
Bei manchen kommen keine
spontanen Gefühle auf.
Trotzdem denke ich auch
an sie mit Freundlichkeit.

Es ist an mir, Freundlichkeit und
Wohlwollen zu schenken.

Jetzt konzentriere ich mich beim Einatmen
und Ausatmen auf das Strömen dieser
freundlichen Energie in meinem Körper.
Mit dem inneren Blick taste ich meinen
ganzen Körper ab und schicke überallhin
liebevolle Gedanken.

Herz, Leber, dem Verdauungssystem und
allen anderen Organen sende ich
freundliche Gedanken.
Sie alle sorgen treu dafür, dass ich lebe
und es mir gut geht.
Ich verspreche, dass ich auch zu ihnen
immer gut sein werde.
Beim Essen und Trinken werde ich ihre
Gesundheit und ihr Wohlbefinden im Sinn haben.

Jetzt sind alle Spannungen überall gelöst.
Mit jedem Atemzug schicke ich mir und
anderen gute Gefühle.
Entspannt genieße ich sie.

Metta – die Übung
der Herzensgüte

Mögen alle Lebewesen glücklich
und geborgen sein
und möge ihr Herz voller Freude sein.

Dieser Vers aus dem Metta-Sutta, der Lehrrede
des Buddha über die Herzensgüte, ist ein schönes
Meditationsthema. Sie können ihn am Beginn Ihrer Meditation ein paar Mal sprechen. Erinnern
Sie sich möglichst auch im Laufe des Tages an
diese Worte, sie färben dann auf Ihr Bewusstsein ab und lassen nachsichtige Milde in Ihnen
wachsen.

Bei der Abfassung der nachfolgenden beiden
Verse stand ich unter dem Eindruck des Metta-
Suttas. Vielleicht haben Sie ja Lust, sie in Ihre
abendliche Meditation einzubeziehen.

Beim Zubettgehen lächle ich
in der Vorfreude auf schöne Stunden
der Ruhe.
Ich blicke mit Augen des Mitgefühls
auf alle Wesen
und genieße die letzten Augenblicke
dieses Tages.

Der zweite Vers lautet:

Möge Frieden in der Welt sein und
möge er bei mir beginnen.
Möge Frieden in meinem Haus sein
und möge er bei mir beginnen.
Möge Frieden an meinem Arbeitsplatz sein
und möge er bei mir beginnen.

Es gibt so viele Menschen, die nur an sich denken; würden wir sie alle hassen, sähe es finster aus in uns. Bei dieser Meditation geht es darum, dass wir selbst liebevoller werden und dadurch Frieden um uns verbreiten. In der Nacht soll Frieden herrschen. Streit, Ärger und Rachegefühle haben hier keinen Platz, auch nicht in unserer Fantasie. Nähren wir lieber den Wunsch in uns, dass alle mehr an alle denken, dass alle liebevoller werden.

An den Schluss dieses Abschnitts möchte ich einen Vers zu Ehren des persischen Sufi-Dichters Hafis (14. Jahrhundert) stellen:

In dir sind alle Zutaten, mit denen du
die Nacht zum Schlachtfeld machen
kannst – rühre sie nicht zusammen!
Auch alle Zutaten für eine Nacht
des Friedens hast du in dir – die rühre
zusammen, nur zu, nur zu!

Fünfte Woche:
im Jetzt

Zur Vorbereitung

Verben haben drei Zeitformen: Vergangenheit, Gegenwart und Zukunft. Das verleitet uns leicht zu der Auffassung, diesen Zeitformen würden tatsächlich drei verschiedene Zeiten entsprechen, denn beim Sprechen über Vergangenes und Künftiges wirkt es ja ganz so, als wären Vergangenheit und Zukunft nicht weniger real als die Gegenwart.

Aber es gibt einen Unterschied. In der Gegenwart sind wir tatsächlich, da leben wir, da sind wir zu Hause. In der Vergangenheit oder Zukunft dagegen können wir uns nicht wirklich aufhalten, nur gedanklich. Das Leben ereignet sich immer jetzt.

Auch Vergangenheit und Zukunft existieren nur jetzt, nämlich als Erinnerung oder als in die Zukunft projizierte Vorstellung. Als Zeit aber im gleichen Sinne wie die Gegenwart existieren sie nicht. Die Vergangenheit *war* einmal Zeit, war einmal Gegenwart. Jetzt ist sie nur noch ein Gedanke oder die Spur einer Erinnerung. Im gleichen Sinne ist die Zukunft einfach eine Handvoll Erwartungen und Vorstellungen. »Voraussichtlich« werde ich in einer Stunde am Arbeitsplatz sein. Aber das ist nicht »die Zukunft«, sondern nur eine Erwartung. Vielleicht hält mich der Verkehr auf, ein Tsunami, ein Schneesturm oder sonst etwas. Die Zukunft, wenn sie denn da ist, stimmt nicht unbedingt mit meinen Erwartungen überein.

Machen wir uns bewusst, wie kostbar das Jetzt ist. Jetzt sind wir lebendig. Das Denken entfernt uns vom Jetzt, die Sinne holen uns zu ihm zurück. Die Vögel singen nur jetzt, und das Herz schlägt nur jetzt. Solange wir bei dem bleiben, was uns die Sinne vermitteln, sind wir in der Gegenwart. Das ist einer der wesentlichen Unterschiede zwischen Meditation und Tagträumen: Tagträume versetzen uns in andere Räume und Zeiten, während uns die Achtsamkeit ins Hier und Jetzt zurückholt.

Tagträume bestehen aus Gedanken, und das Denken ist eine Art Bus: Wir steigen ein, damit er uns irgendwohin fährt. Es gibt aber noch eine andere Art des Einsteigens, und die sehen wir beim Reinigungs- und Wartungspersonal, wenn der Bus nachts im Depot steht. Diese Leute reinigen und inspizieren den Bus, machen sich ein Bild von seinem Zustand und so weiter. Aber er fährt sie nirgendwo hin.

Unser Denken hat sich weitgehend verselbstständigt. Das erinnert mich an ein Gespräch, das ich einmal im Rahmen eines Retreats mit einem der Teilnehmer geführt habe. Er sagte, er habe das Gefühl, er komme nicht weiter. »Anscheinend«, sagte er, »bin ich einfach nicht in der Lage, an die Gegenwart zu denken. Ich denke immer nur an Vergangenheit und Zukunft.« Es ist aber so, und das sagte ich ihm auch, dass die Gegenwart nur *erlebt*, aber nie gedacht werden kann. Wir müssen sie mit den Sinnen erfassen, nicht mit dem Verstand. Der Verstand kann sich erst mit den Dingen beschäftigen, wenn sie vorbei sind.

Eine andere Teilnehmerin hing an der gleichen Stelle fest. Wie kann man mit den Gedanken bei der Gegenwart sein? Sie sagte: »Die Tänzerin ist mit dem einen Fuß [mit dem sie abspringt] in der Vergangenheit und mit dem anderen [auf dem sie landen wird] in der Zukunft. Wo ist da die Gegenwart?«

Ohne sich dessen bewusst zu sein, hatte sie ein Zen-Koan kreiert. Solange die Tänzerin ganz bei ihren Sinnen bleibt, befindet sie sich in der Gegenwart – jetzt und jetzt und jetzt. Wenn wir das allerdings intellektuell zergliedern, können wir den Jetzt-Augenblick in immer feinere Scheibchen zerschneiden, bis er schließlich gar nicht mehr vorhanden ist und nur noch Vergangenheit und Zukunft existieren.

Körper und Geist sind in Wirklichkeit nicht zu trennen. Wer mit Leib und Seele tanzt, denkt mit dem Körper. Erst wenn sich das Denken vom Körper löst, etwa wenn wir an den zu erwartenden Applaus denken, wird es schwierig, und dann patzen wir womöglich. Körper und Geist bilden ein Ganzes; schon der Buddha sprach vor über zweieinhalb Jahrtausenden vom »Körpergeist«. Wir sind es, die eine Trennung erzeugen, wenn wir gedankenverloren sind. Und die Achtsamkeitsmeditation hilft uns, diese Kluft wieder zu schließen.

In achtsamer Betrachtung der Vergangenheit gehen wir nicht innerlich in die Vergangenheit zurück. Wir bleiben, wo wir sind, wo unser Körper jetzt ist. Wenn wir in die Vergangenheit zurückgehen, kommen auch die Gefühle wieder, die wir damals hatten. Sie sind es sogar, die uns in die Vergangenheit zurückziehen, und sie können ziemlich unangenehm sein. Allerdings auch sinnlich und wohlig. Aber egal, wie wir die Vergangenheit in Erinnerung haben, jetzt existiert sie einfach nicht mehr.

Für die Zukunft gilt Ähnliches. Zukunftsträume sind etwas anderes als zum Beispiel vorausschauende Planung. Angenommen, ich hätte eine neue Geschäftsidee. Wenn ich mich jetzt Träumen über meine zukünftigen Erfolge hingebe, male ich mir vielleicht einen rassigen Wagen und ein tolles neues Haus aus und all die gut aussehenden Leute, die sich um meine Freundschaft reißen werden oder unbedingt mit mir ins Bett wollen – vielleicht sind meine Fantasien jetzt schon voller Abenteuer dieser Art. Real passiert allerdings nichts dergleichen. Ich bin lediglich in einer eingebildeten Zukunft unterwegs. Ich sitze in der Küche, und in der Spüle steht das schmutzige Geschirr. Tagträume lenken nur ab; sie sind eine Art Zeitmaschine, die mich davon abhält, etwas Konkretes zu unternehmen.

Wenn ich mein neues Unternehmen dagegen wirklich plane, stelle ich einen Businessplan auf, verabrede Gesprächstermine mit Bankern und so weiter. Beim Planen der Zukunft bleibe ich im Hier und Jetzt. Nur wenn ich mich gut um alles jetzt Anstehende kümmere, kann ich mit einer glänzenden Zukunft rechnen. Ich muss den Garten jetzt pflegen, wenn ich eine gute Ernte haben will.

Bei der Gelegenheit: Wenn Ihnen beim Meditieren etwas in den Sinn kommt, was die morgen anstehenden Dinge voranbringen könnte, dann machen Sie sich doch einfach eine Notiz. Anderenfalls kommt die Sache immer wieder hoch und stört womöglich Ihre Meditation. Eine schriftliche Notiz dagegen gibt Ihnen die Chance, die Angelegenheit für die Dauer der Meditation aus dem Kopf zu bekommen.

Die Übung

*Ich sitze bequem und löse mich
von meinen Gedanken.
Ich lasse Stress und Anspannungen los
und bleibe mit der Aufmerksamkeit
ganz bei meinem Atem.*

*Es gibt nichts als den Atem.
Alles außer dem Atem spielt
jetzt keine Rolle.*

*Neben dem Atem gibt es nicht auch
noch Zeit. Der Atem ist die Zeit.
Wenn ich stets aufmerksam bin, erlebe ich
das Leben in seiner ganzen Fülle.*

Zeit gibt es nur jetzt.
Die Vergangenheit ist keine Zeit.
Das Vergangene war einmal Gegenwart,
aber jetzt ist es nur noch Gedanke
und Vorstellung.

Lebendig bin ich ausschließlich
in der Gegenwart.
Die Zukunft ist keine Zeit,
nur eine Handvoll Erwartungen.

Vergangenheit und Zukunft existieren
nur jetzt, nämlich als Erinnerungen,
Gewohnheiten, Ideen und Erwartungen.
Von verblühten Blumen bleibt
vielleicht ein Duft. Der Duft ist jetzt.
Auch die Keime der Zukunft sind jetzt,
viele noch von Erde bedeckt und
für mich nicht sichtbar.

In meinem Leben, meinem Atem,
da ist die Zeit.
Eins mit meinem Atem lebe ich ganz
in meinem Leben und nicht
in einer Abstraktion.

Eins mit meinem Atem
bin ich in der Gegenwart.
Ich lebe im ewigen Frühling,
in dem alles frisch und neu ist.

Ich bleibe nicht in einer aus Gedanken
bestehenden Vergangenheit stecken.
Ich lasse sie los, und damit ändert sich auch
die Vergangenheit.

Ich bin dankbar, dass ich lebe,
und betrachte alle im Geist der Liebe.
Atmend danke ich allen, die mein Leben
fördern und diese Welt zu einer schönen
Welt machen.

Stress liegt nicht in der Zukunft.
Meine Erwartungen liegen nicht
in der Zukunft.
Es sind geistige Gewohnheiten.
Ich lasse sie los, um mit aufgeschlossenem,
freien Geist leben zu können.

Glück ist nur jetzt.
Es kann nicht in einer anderen Zeit sein.
Es gibt keine andere Zeit.

Ich bin eins mit meinem Atem, mit den
Empfindungen des Körpers.
Ich atme, und mein Herz
ist in Frieden.

Sechste Woche:
den Atem betrachten

Ich sitze und beobachte meinen Atem,
das Singen in meinen Ohren –
und dass da etwas angespannt ist.

Ich sehe tausendfaches Lächeln
und noch viel mehr Grimassen
und große weiße Segel am Himmel.

Ich sehe dich gehen
und höre meine Einbildungen erzählen,
schleichende stumme Gedanken.

Hier Blüten, dort unsagbare Grausamkeit –
ich sitze und beobachte meine Freude
und Furcht.

J. E.

Zur Vorbereitung

»Den Atem betrachten« bedeutet, dass wir keinen Einfluss nehmen. Diese Übung beginnt mit drei tiefen bewussten Atemzügen. Danach treten wir gleichsam zur Seite und überlassen dem Körper das Atmen. Wir verfolgen das Geschehen lediglich.

Im letzten Teil dieser Übung werden wir dazu übergehen, unsere gewohnte innere Verfassung auf die gleiche Weise zu beobachten. Wie der Fisch das Wasser nicht bemerkt, weil sich sein Leben schon immer darin abspielte, kann unser innerer Grundzustand für uns so sehr zur Gewohnheit werden, dass wir ihn nicht mehr bewusst wahrnehmen. Vielleicht waren wir schon immer so, immer ein bisschen befangen oder traurig oder ängstlich. Es ist sehr wichtig, dass wir uns das objektiv ansehen, denn dies ist der erste Schritt zu wirklichen Veränderungen und echter Freiheit. Was wir gar nicht erst sehen, können wir auch nicht verändern. Allerdings benötigen wir ein gewisses Maß an gelassener Distanz, um unser Innenleben auf diese Weise betrachten zu können. Deshalb steht diese Übung relativ weit hinten in unserem Sieben-Wochen-Programm.

Unsere innere Grundverfassung sowie unsere Gedanken und Gefühle bedingen einander gegenseitig. Die innere Grundgestimmtheit ruft bestimmte Gedanken hervor und umgekehrt. Auf unsere Gedanken haben wir mehr Einfluss, als uns in der Regel bewusst ist, und wenn wir unser Denken verändern, gleicht sich unsere innere Grundverfassung dem nach und nach an.

Manchmal läuft es auch andersherum: Erst ändert sich unsere Grundverfassung, dann ziehen die Gedanken nach. Ich habe das kurz vor der Niederschrift dieser Zeilen an einem schönen Beispiel verfolgen können. Eine depressive Klientin war zum Achtsamkeits-Coaching zu mir gekommen, und ich hatte ihr, wie ich es in solchen Fällen meistens tue, empfohlen, sich zusätzlich zur Meditation auch viel zu bewegen und hoch dosierte Omega-3-Fettsäure-Kapseln einzunehmen. Im Unterschied zu manchen anderen setzte sie die Empfehlung gleich um, ließ sich ärztlich und naturheilkundlich beraten und begann mit der Einnahme von Fischölpräparaten. Drei Wochen später berichtete sie mir, sie fühle sich wie neugeboren und sei nicht mehr depressiv.

Schade nur, dass hoch dosierte Omega-3-Fettsäuren nicht immer von so durchschlagender Wirkung sind.

Die Übung

Ich sitze mit aufrechtem Rücken,
der Kopf gerade,
die Beine in bequemer Haltung,
das Gesicht entspannt.
Falls nötig, ändere ich meine Haltung so,
dass ich bequem sitzen kann.

Ich achte auf die körperlichen
Empfindungen des Atmens.
Ich folge dem Atem vom Einströmen
in die Nase bis in die Lunge.
Dann atme ich aus bis zu der
kleinen Pause am Ende.

Ich lenke den Atem nicht,
ich mische mich nicht ein.
Ich bleibe in ruhiger Aufmerksamkeit
und beobachte nur, wie der Körper in
seinem natürlichen Rhythmus atmet.

Wenn mein Atem schnell und
flach geht, vermerke ich das nur.
Ist er lang und tief,
vermerke ich das nur.

Mein Körper weiß selbst am besten,
wann er einatmen muss und
wann ausatmen.
Ich störe ihn nicht dabei,
ich beobachte nur.

Wenn ich mich in Gefühlen und
Gedanken verliere, gleicht sich
mein Atem diesen Fantasien an.
Da ich jetzt innerlich ruhig bin,
kann der Atem seinem natürlichen
Rhythmus folgen.

Ich bemerke die kurze Pause nach jedem
Einatmen und Ausatmen.
Ich warte einfach ab, bis der Atem
wieder einsetzt.

In der Pause am Ende
jedes Atemzugs gebe ich dem Impuls,
aktiv zu atmen, nicht nach.
Ich warte ab, bis es von selbst geschieht.

Der Atem hat wie die Wellen seinen
natürlichen Rhythmus.
Ihm zuzusehen ist wie das Beobachten
der Wellen am Strand.

Ein Ich, das für den Atem sorgt,
existiert nicht. Ich bin nicht zuständig
für meinen Atem.
Ich bleibe der interesselose Beobachter.

Nach jedem Atemzug warte ich
entspannt-gespannt auf das Einsetzen
des nächsten.
Ich warte ohne Erwartung,
wann das sein wird.
Der Körper sorgt dafür,
wenn er so weit ist.

Ich genieße das geruhsame
Gewahrsein des Atems.
Wie die Meereswellen hat mein Atem
seinen natürlichen Rhythmus.

Mein Geist ist wie eine Kerzenflamme
bei unbewegter Luft.
Gelassen nimmt er meinen Atem wahr
und dazu alle Geräusche
und Sinnesempfindungen,
auch Wärme und Kälte.

Lichter und Schatten und alle
Empfindungen von Behagen oder
Unbehagen vermerke ich mit der gleichen
unvoreingenommenen Aufmerksamkeit.
Sie kommen und gehen.
Ich sehe nur zu.

Jetzt betrachte ich meinen
inneren Zustand.
Ist da Freude, Traurigkeit,
Angst oder sonst etwas?

Ich sehe mir den Grundzustand an,
den mein Geist mir suggeriert.
Was steht für gewöhnlich auf dem
Plan – Sorgen, Ungeduld, Bedauern,
Verlangen oder etwas anderes?

Mein Geist hat seine Gewohnheiten.
In meiner Konzentration werde ich
auf sie aufmerksam.

Hier verlagern wir unsere Aufmerksamkeit vom Hintergrunds-Denken auf unsere Grundstimmung. Ist Angst ständig präsent? Wenn ja, können wir sie einfach zur Kenntnis nehmen, ohne uns von ihr beherrschen zu lassen? Kommt Ärger häufig vor? Weshalb? Und woher kommt er? Spirituelle Lehrer sprechen mitunter vom »Affengeist«. Hier nehmen wir diesen Affengeist in den Blick. Um was für einen Affen handelt es sich da? Ist es ein Klammeraffe, ein Makake oder eine andere der 264 verwandten Arten?

So nehmen wir uns wahr. Das eigene Innenleben ist uns dermaßen vertraut, dass wir es als natürlich ansehen. Unsere Eigenheiten sind uns so selbstverständlich, dass wir erst einmal stutzen, wenn wir bemerken, dass andere sie nicht haben. Und aus diesem Stutzen kann dann ein unsanftes

Hochschrecken werden, sobald wir versuchen, mit jemandem zusammenzuleben.

Am Anfang, als unsere Gedanken noch haltlos umherschwirrten, war ein solcher tiefer Blick kaum möglich. Wenn die Oberfläche eines Sees an einem stürmischen Tag stark bewegt ist, können wir nicht bis auf den Grund sehen. Dafür müssen wir einen windstillen Tag abwarten. Und erst wenn wir innerlich ganz ruhig sind, werden wir auf das aufmerksam, was immer da ist. Dann erkennen wir auch, wie geschäftig es in unserem Geist zugeht. Mit einem Blick in die Tiefe entdecken wir uns selbst – und unsere Eigenarten.

Siebte Woche:
der Maler in uns

Der Geist ist wie ein Künstler,
der die Welt abbildet.
Wer weiß, dass der Geist mit seinem Wirken
alle Welten macht,
der sieht den Buddha und erkennt
das wahre Wesen des Buddha.

Avatamsaka-Sutra (»Blumengirlanden«-Sutra)

Zur Vorbereitung

Wenn wir einschlafen möchten, uns dabei jedoch
über jemanden ärgern und aufregen, tun wir so,
als wäre diese Person ein realer Mensch. Er oder
sie ist aber gar nicht anwesend, liegt nicht neben
uns im Bett. Dort liegt nur unser Bild von diesem

Menschen, während er selbst ganz woanders ist und nicht ahnt, welchen Aufruhr er in uns hervorruft. Dieses Bild ist unsere eigene Kreation. Wir ereifern uns über ein Konterfei, nicht über die Person selbst. Wenn das Bild eine Art Monster zeigt, sind *wir* der Maler. Und sollte ein Engel zu sehen sein, entspringt er ebenfalls unserem Geist.

Ein Maler rückt beim Porträtieren einer Person bestimmte Aspekte in den Mittelpunkt, und so hält es auch unser Bewusstsein. Die Gefühle, die wir einem Menschen entgegenbringen, stehen unter dem Diktat des Bildes, das wir uns von ihm machen, und in diesem Bild sind bestimmte Aspekte auf Kosten anderer hervorgehoben. Bei den bisherigen geführten Meditationen ging es vor allem darum, unsere Gedanken nicht gar so ernst zu nehmen. In dieser letzten Meditation werden wir üben, unser Bild von anderen weniger ernst zu nehmen.

Die Übung

In bequemer Sitzhaltung
genieße ich meinen Atem
und das rhythmische Heben und
Senken des Bauchs.

*So atme ich friedlich, und die Vorstellung
zeigt mir Bilder von Menschen
und Orten, die ich kenne.*

*Ich bleibe bei meinem Atem, wissend,
dass ich die Bilder selbst male.
Die Leute in meinen Gedanken sind
Fantasiefiguren, wenn sie auch
aussehen wie Menschen,
die ich kenne.*

*Ich bleibe entspannt und weiß,
dass mein Bewusstsein aus diesen
Bildern Geschichten erfindet,
ein ganzes Comic-Heft voll.
Ich verfolge, wie sich die Figuren meiner
Einbildung gemäß anordnen.*

*Ich atme ein und lächle ihnen zu.
Beim Ausatmen weiß ich,
dass sie nicht real sind.
Reale Menschen besitzen Tiefe,
Comicfiguren nicht.*

Die Geschichten in meinem Kopf
spinnen sich weiter und weiter.
Die Wahrnehmung des Atems ist der Anker,
der verhindert, dass ich mich vom Strom
der Bilder forttreiben lasse.

Mein Geist ist fest und sicher
mit meinem Körper verbunden.
Die Strömung reißt mich nicht mit.

Ich bleibe gern in meinem Boot,
das mit den Wellen schaukelt,
sanft wie eine Wiege.
Froh sehe ich die Gedanken und
Bilder an mir vorbeiziehen.
Ich halte mir bewusst, dass ich
selbst sie hervorbringe.

Mein Geist ist ein wahrer Künstler.
So lebensecht wirken seine Bilder von
Menschen und Orten, so überzeugend.
Ich atme und lächle.

Es sind nur Bilder, und die Empfindungen,
die ich mit ihnen verbinde –
Liebe, Hass, Ärger oder Angst –
sind einfach Reaktionen auf Bilder.

Mein Geist teilt mir die Bilder
zu wie Spielkarten.
Ich bleibe beim Atmen und sehe
dem Spiel nur zu.

Ich ziehe nicht selbst die Karten.
Ich betrachte mein Blatt und bleibe
bei meinem Atem.

Mir ist wohl, ich bin entspannt.
Ich nehme dieses Spiel nicht allzu ernst.
Ich bin in Frieden.

Ausklang:
die Bauchatmung

Im Schlaf atmen wir über das Zwerchfell, und wir atmen tief.

Bei allem Getue um den »Waschbrettbauch« und das viele Bodybuilding zu seiner Ausbildung: Abgesehen von ästhetischen Erwägungen haben die Bauchmuskeln eigentlich keine besondere Bedeutung. Die Rückenmuskulatur, die uns beim Sitzen oder Gehen aufrecht hält, hat viel mehr zu tun. Die Muskeln an der Körpervorderseite sind vor allem Atemmuskeln – sie machen den Bauch zu einer Art Blasebalg.

Legen Sie in Rückenlage eine Hand auf den Bauch und husten Sie. Dabei spüren Sie die Kontraktionen der Bauchmuskulatur. Auch beim einfachen Ausatmen zieht sich der Bauch zusammen, Ihre Hand sinkt etwas ab. Beim Einatmen hebt sich die Bauchdecke und die Hand mit ihr.

Viele Menschen wechseln mehrmals am Tag von der Bauchatmung zur Brustatmung und zurück. Wie Sie gerade atmen, können Sie jederzeit feststellen, wenn Sie die Hand auf den Bauch legen. Beim Gehen zum Beispiel. Der Bauch sollte weich bleiben und sich beim Einatmen vorwölben. Der meditierende Buddha wird mit vor dem Körper zusammengelegten Händen dargestellt. So hat man beim Meditieren Kontakt zum Bauch und damit zum Atem.

Spannung in bestimmten Muskeln kann reflexartig die Anspannung anderer Muskelgruppen auslösen, die gar nicht direkt an der jeweiligen Aktion beteiligt sind. In vielen Überlieferungen gilt der Bauch als wichtiges Energiezentrum, weshalb es wichtig ist, dass die Bauchmuskulatur nicht unnötig angespannt ist.

Wenn Sie die Entspannung der Bauchmuskulatur gezielt üben möchten, können Sie so vorgehen:

1. Legen Sie sich auf den Rücken und vergewissern Sie sich mit der Hand, dass die Bauchdecke weich ist.
2. Atmen Sie mit der Hand auf dem Bauch ein paar Mal tief durch, um sich zu vergewissern, dass Sie vom Zwerchfell her atmen.
3. Versuchen Sie ein Bein zu heben und dabei die Bauchdecke ganz bewusst entspannt zu halten. Der Bauch soll also weich bleiben.
4. Wenn es nicht gleich gelingt, heben Sie das Bein nur ganz wenig an. Versuchen Sie es auch mit dem anderen Bein.

5. Sollte die Übung Ihnen Schwierigkeiten bereiten, hören Sie jetzt auf und versuchen es
   ein andermal wieder.
6. Es geht darum, schließlich beide Beine heben
   zu können, ohne dass die Bauchmuskulatur
   hart wird.

Dank

Thich Nhat Hanh, dem dieses Buch gewidmet ist, bot mir die Lampe der Weisheit und hieß mich damit in der Familie der fest in der Tradition verwurzelten Dharma-Lehrer willkommen. Ich bin ihm zutiefst dankbar für sein Vertrauen und seine inspirierenden Unterweisungen. Im Laufe der Jahre habe ich vielen Menschen die Praxis der Achtsamkeit nahebringen können, und ich empfinde das als große Freude und tiefe Befriedigung. Diese Praxis vermag zum Beispiel auf dem Gebiet der Gesundheitsprophylaxe und des Umweltdenkens Großes zu leisten, und da steht uns noch einige Arbeit bevor.

Chan Huy, dem Dharma-Freund, habe ich für die Begeisterung zu danken, mit der er sich für *Applied Mindfulness* (»Angewandte Achtsamkeit«) einsetzt. Unsere Gespräche haben mir in entscheidenden Phasen wichtige Anstöße gegeben.

William Glasser verdanke ich ein neues Menschenbild und eine neue Sicht der therapeutischen Beziehung. Meine Lehrzeit auf dem Gebiet der von ihm entwickelten Realitätstherapie begann mir die Augen über den Zusammenhang von Geist und Körper, von Denken und Fühlen zu öffnen. Zwar konnte ich ihn damals, Anfang der Neunzigerjahre, nicht von den Parallelen zwischen der buddhistischen Praxis und seinem therapeutischen Ansatz überzeugen, doch ich habe enorm von seinen Gedanken profitiert.

Marcia Segal danke ich für die Durchsicht einer frühen Fassung des Manuskripts.

Mein Literaturagent Bob Silverstein begleitete das Buch mit liebevoller Fürsorge und viel Geduld, bis es beim Verlag Tarcher seine Heimat fand. Er war immer für mich da, wenn ich ihn brauchte.

Nicht zuletzt danke ich Andrew Yackira, meinem Lektor bei Tarcher, der meine vielen Überarbeitungen mit Fassung hinnahm und unter dessen Händen die Metamorphose vom Manuskript zum Buch ein Leichtes war.

Über den Autor

Joseph Emet lebt in Montreal, Kanada, und bietet Achtsamkeitsmeditation für Einzelne und Gruppen an, darüber hinaus aber auch Kurse für Stress-Management, persönliche Entwicklung und besseren Schlaf. Alles über ihn und seine Arbeit finden Sie auf

www.mindfulnessmeditationcentre.org.